CAROLIN ENGWERT

INDOOR-ERNTE

ES GEHT AUCH EINFACH!

KOSMOS

INHALT

Es wächst auch drinnen

Von Carolin Engwert

Im Frühling 2020 war ich – wie wahrscheinlich viele von uns – deutlich mehr zuhause als in normalen Jahren und so hat es sich ergeben, dass ich in meinem Homeoffice-Arbeitszimmer viele verschiedene grüne Experimente gestartet habe. Im Schrebergarten baue ich ja seit einigen Jahren eine bunte Vielfalt von Obst, Gemüse und Blumen an und ziehe auch fast alle meine Jungpflanzen dafür selbst im Haus vor. Insofern hatte ich für's Indoor-Gärtnern schon eine sehr gute Ausstattung zuhause. Aber kann man Pflanzen auch komplett in der Wohnung kultivieren? Vielleicht sogar ohne Balkon oder Terrasse? Spannende Fragen, denen ich gerne nachgehen wollte und die ich Euch hier mit vielen einfachen Tipps zum Nachmachen beantworten möchte. Selbst, wenn Ihr bisher vielleicht noch keine Gartenerfahrung gesammelt habt.

WAS GEHT, WAS GEHT NICHT?

Auch im Zimmer kann man erfolgreich Salate, Kräuter und pflegeleichte Gemüsesorten anbauen. Für eine komplette Selbstversorgung reicht der Platz in einer Stadtwohnung logischerweise nicht, das ist aber auch nicht das Ziel dieses Buches. Theoretisch kann man mit entsprechender Ausstattung sogar Tomaten oder Paprika im Zimmer kultivieren, „Indoor-Ernte" soll Euch jedoch vorrangig helfen, Euch mit einfachen und realistischen Projekten ans Thema heranzutasten, um erste Erfolge zu genießen. Ich serviere Euch daher unkomplizierte Ideen, von denen Ihr je nach Geschmack einige rauspicken und mit denen Ihr den Indoor-Garten ohne großen zeitlichen oder finanziellen Aufwand Stück für Stück erweitern könnt. Falls Gärtern für Euch noch neu ist, empfehle ich, mit maximal drei bis vier Projekten zu beginnen. Wenn Ihr schon etwas Erfahrung habt, könnt Ihr natürlich gleich mehrere unterschiedliche Pflanzen ausprobieren und Euch auch an anspruchsvollere Kulturen wagen.

ICH SEH' GRÜN

Ganz wichtig: Selbst gezogene Salate, Kräuter und Gemüse sehen oft nicht so aus, wie agrar-industriell hergestellte Produkte und das ist total in Ordnung. Wenn das Buch nur diese Erkenntnis in Euer Leben bringt, freue ich mich schon sehr!
Da ich am Schreiben vor allem den Austausch mit den Lesern liebe, hier noch eine Idee für alle, die bei Instagram sind: postet passende Fotos mit dem Hashtag #indoorernte. Ich bin total gespannt, was Ihr am liebsten ausprobiert!

Und jetzt viel Spaß beim Lesen, Aussäen, Pflanzen und natürlich beim Ernten ...

INDOOR-
BASICS

Gute Ausstattung

Pflanzen benötigen zum Wachsen Wasser, Licht und Nährstoffe. Wenn wir diese ausreichend zur Verfügung stellen, können wir essbare Pflanzen sogar in der Wohnung anbauen und ernten.

BEDINGUNGEN FÜR GUTES WACHSTUM

Bei der Photosynthese wird mit Hilfe des Pflanzenfarbstoffs Chlorophyll Lichtenergie in chemische Energie umgewandelt. Wenn wir Gemüse und Salat im Garten an eine sonnige Stelle pflanzen und gelegentlich gießen, laufen die biologischen Vorgänge mehr oder weniger von alleine ab. In der Wohnung müsst Ihr allerdings an einigen Punkten etwas nachhelfen und entweder den Platz mit den besten Bedingungen finden oder diese herstellen. Wählt für Euren Indoor-Garten einen möglichst hellen, eher kühlen Platz. Das kann ein sonniges Fensterbrett (aber nicht direkt über einer Heizung) sein oder Ihr montiert ein Zwischenbrett vor einem Fenster, das Ihr nicht regelmäßig öffnen müsst. Unsere Wohnung ist relativ dunkel, den idealen Ort gibt es deshalb leider nicht. Ich helfe der Photosynthese also mit geeigneten Pflanzenlampen auf die Sprünge. Mehr dazu auf S. 18.

UTENSILIEN UND WERKZEUG

Neben einem hellen Standort braucht Ihr flache Aussaatschalen oder einige Töpfe, am besten in verschiedenen Größen, und idealerweise ein paar ausgediente Obstverpackungen oder ein kleines Zimmergewächshaus, in das Ihr frisch Gesätes bis zur Keimung stellen könnt. Bei warmer Heizungsluft trocknen die Samen sonst aus und keimen entweder nicht oder aber die feinen Setzlinge verdorren gleich wieder. Ich nehme gerne ein leeres Einmachglas und stülpe es über einen Blumentopf. Sobald die Pflänzchen etwas gewachsen sind, entferne ich es und nutze es später erneut. Neben der Funktionalität spielt bei den Utensilien auch die Optik eine Rolle, schließlich stehen sie bald dauerhaft in Eurer Wohnung – glücklicherweise gibt es mittlerweile eine große Auswahl an gut gestalteten Produkten.

WELCHE TÖPFE SIND AM BESTEN?

Aussäen könnt Ihr entweder direkt in Kokos-Quelltabs, in kleine Ton- oder Plastiktöpfchen oder in mit Erde gefüllte Obstverpackungen. Obwohl ich mich um Plastikvermeidung bemühe, habe ich mir vor einigen Jahren einige eckige Kunststofftöpfe besorgt, die ich immer wieder verwende. Sie sind leicht zu reinigen, von der Größe genormt, dadurch platzsparend stapelbar und halten die Feuchtigkeit besser als Tontöpfe, was Euch gerade am Anfang das Gießen erleichtert. Von gepressten Papiertöpfchen, wie sie oft in Gartencentern angeboten werden, rate ich Euch ab. Sie wirken zwar nachhaltig, weichen aber schnell durch und sind deshalb ein Biotop für Schimmel. Achtet darauf, dass Eure Pflanzgefäße unten ein Loch haben, damit überschüssiges Wasser

Nützliche Utensilien sind Töpfchen mit Erde, Quelltöpfe, handliches Werkzeug, mobile Pflanzenlampen, Sprühflasche und eine kleine Gießkanne.

ablaufen kann. Stellt die Töpfe auf Untersetzer oder zusammen in eine flache Schale, damit nicht versehentlich Wasserflecken auf den Möbeln entstehen. Verzichtet anfangs am besten auf klassische Übertöpfe für Zimmerpflanzen, da hier unbemerkt Staunässe entstehen kann. Wenn Ihr bereits Routine im sparsamen Gießen habt, könnt Ihr sie zu Gunsten der Optik natürlich benutzen.

UND SONST NOCH?

Besorgt Euch eine Gießkanne, am besten mit einer feinen Brause oder sehr schmalen Tülle. Empfehlen würde ich noch einen Pumpzerstäuber, um die Pflanzen von Zeit zu Zeit etwas mit Wasser zu besprühen: nehmt eine gut gespülte Glasreiniger-Flasche oder besorgt Euch eine schöne Glasflasche. Zusätzlich praktisch: ein verschließbarer Behälter für Anzuchterde, eine scharfe Schere, etwas Schnur und eine kleine Schaufel. Diese Kleinigkeiten könnt Ihr auch nach und nach ergänzen.

CHECKLISTE:

AUSSTATTUNG

- ☐ Töpfe
- ☐ Anzuchterde
- ☐ Saatgut
- ☐ Zimmergewächshaus
- ☐ ggf. Pflanzenlampe
- ☐ Gießkanne mit feiner Tülle
- ☐ kleine Schaufel und Harke
- ☐ Schaschlikstäbe als Stütze oder Rankhilfe
- ☐ Schnur
- ☐ Etiketten

1. Einmachgläser in verschiedenen Größen kann man vielseitig verwenden. Hier als improvisiertes Mini-Gewächshaus für einen Blumentopf mit Mangold.

2. Im Indoor-Garten kann man zu jeder Jahreszeit aussäen, z. B. Pflücksalat in einen kleinen Blumentopf, als „grünes" Mitbringsel.

WAS KANN MAN INDOOR ANBAUEN?

Da in geschlossenen Räumen Sonne, Wind und auch Nützlinge fehlen, pflanzt Ihr am besten Arten, die sich schnell entwickeln, Schädlingen oder Pflanzenkrankheiten davonwachsen und aufgegessen sind, bevor größere Probleme überhaupt auftreten. In den Pflanzensteckbriefen der einzelnen Kapitel zeige ich Euch, was in der Wohnung gut gelingt und welche Arten sich als Experiment für Mutige lohnen.

BRAUCHE ICH SPEZIELLE SAMEN?

Ihr könnt ganz normales Saatgut wie für den Garten verwenden, solange Ihr keine drei Arten oder Sorten aussucht, die z. B. besonders groß werden oder sich prinzipiell nicht für den Anbau im Topf eignen.

Wer keimt wann und wie?

Schaut vor der Aussaat am besten mal auf das Samentütchen. Meist ist vermerkt, wie lange die Samen zur Keimung benötigen, ob sie Licht- oder Dunkelkeimer sind (also mit Erde überdeckt oder nur auf das Substrat gestreut werden) und welche

Keimtemperatur am besten passt. Ignorieren könnt Ihr die vorgeschlagenen Aussaat-Zeitpunkte. Da es in der Wohnung kein Wetter gibt, relativ stabile Temperaturen herrschen und Licht ggf. sowieso aus der Steckdose kommt, könnt Ihr prinzipiell zu jeder Jahreszeit starten. Die Unterschiede im Sommer und Winter findet Ihr auf Seite 24/25.

Kann ich auch fertige Jungpflanzen kaufen?

Ja, auf jeden Fall – das machen übrigens auch viele Outdoor-Gärtner, die bereits vorgezogene Jungpflanzen dann bis zur Ernte weiterkultivieren. Die eigene Aussaat hat den Vorteil, dass Euch eine größere Sortenvielfalt zur Verfügung steht. Wenn Ihr also auf dem Wochenmarkt oder bei einer Gärtnerei schöne Jungpflanzen entdeckt, könnt Ihr diese problemlos zuhause einpflanzen.

Mein Tipp: Feuchtet die Erde vor der Aussaat an und knete sie durch, um alles gut zu durchmischen. Das beschleunigt später die Keimung und mindert die Gefahr, feine Samen durch zu starkes Gießen in eine Ecke des Töpfchens zu schwemmen oder Trauermücken und Schimmel unnötig zu begünstigen.

MINI-GIESSKANNE

Neue Aussaaten solltet Ihr nur vorsichtig angießen. Dafür einfach eine leere PET-Flasche zur Mini-Gießkanne upcyceln.

1.
Ihr braucht eine leere PET-Flasche, idealerweise mit 0,25 l oder 0,5 l Fassungsvermögen, eine Stick- oder Stopfnadel, Feuerzeug oder Kerze und ein Stück Stoff bzw. Küchenrolle.

2.
Haltet die Nadel über die Flamme bis das Metall relativ heiß ist. Verwendet dafür unbedingt das Tuch, damit Ihr Euch nicht gleich die Finger verbrennt – Achtung, es geht recht schnell!

3.
Piekst nun mit der Nadel einige Löcher in den Plastikdeckel der Flasche. Einmal Erhitzen reicht für ca. 2 bis 3 Löcher, danach müsst Ihr die Nadel erneut erwärmen.

4.
Sobald Ihr den Deckel gleichmäßig durchlöchert habt, ist die Mini-Gießkanne fertig und kann mit Wasser befüllt werden. Mit dem Wasserstrahl werden selbst feine Samen nicht weggeschwemmt.

5.
Durch Drücken auf die Flasche könnt Ihr auch Jungpflanzen vorsichtig bewässern. Vorteil: Die Gefahr von Staunässe durch Übergießen wird deutlich verringert.

Erden und Substrate

Auch beim Pflanzenanbau in der Wohnung ist gute Erde die Grundlage für kräftiges und gesundes Wachstum von Gemüse und Kräutern.

WELCHE ERDE PASST FÜR WAS?

Am einfachsten ist der Anbau in organischem Substrat in Form von Anzucht- oder Pflanzerde, da es die richtige Nährstoffdosis enthält, die Pflanzen zum Wachsen brauchen.

Da in den Samen genug Kraft für die Keimung steckt, reicht anfangs magere Anzuchterde, durch deren geringes Nahrungsangebot ein starkes Wurzelwachstum angeregt wird. Pflanzerde ist meist leicht vorgedüngt, um schon etwas größere Pflänzchen ausreichend zu versorgen. Ich säe deshalb meistens erst einmal in Anzuchterde aus und topfe später in (Bio-)Pflanzerde um.

BIO, HERKÖMMLICH, TORFFREI – WAS IST DAS ALLES?

Für gesundes Gemüse müsst Ihr nicht zwingend Bio-Erde benutzen, da für die Pflanzen Nährstoffe wie Stickstoff oder Eisen – egal ob aus organischer oder mineralischer Quelle – einfach Moleküle sind, die aufgenommen und verstoffwechselt werden. Kauft aber bitte nur torffreie Erde, da Torf zwar ein wunderbarer Wasserspeicher ist, beim Abbau jedoch ganze Landschaften unwiederbringlich zerstört werden! Als Alternative sind Kokosfasern, aber auch verschiedene Mineralien wie Vermiculit erhältlich. Wenn Substrate z. B. weiße Kügelchen enthalten, ist das kein Styropor sondern Perlite, ein aufgeblähtes Vulkangestein als Flüssigkeitsspeicher. Kunstdünger nutze ich im Garten nie, vor allem, weil man mit ihm schnell versehentlich überdüngen kann und als Folge davon Reste ins Grundwasser ausgeschwemmt werden. Da beim Anbau im Haus keine Stoffe in den natürlichen Kreislauf gelangen, besteht dieses Problem nicht. Die chemische Düngerproduktion schneidet beim Thema Nachhaltigkeit gegenüber organischer allerdings deutlich schlechter ab, weshalb ich Euch auch für den Zimmergarten lieber Bio-Produkte empfehle.

MUSS ICH ZUSÄTZLICH DÜNGEN?

Seid vor allem bei Salat und Blattgemüse besonders sparsam mit Dünger. Meine Pflanzenempfehlungen kommen fast alle mit dem Nährstoffangebot guter Pflanzerde aus. Wenn sich Blätter gelblich verfärben, kann das ein Signal zum Düngen sein, allerdings vor allem bei Pflanzen wie Kohl, Tomaten oder Chilis, die eine lange Kulturdauer haben und dadurch ggf. nach einer Weile zusätzliche Nährstoffe benötigen. Mehrjährige Kräuter und essbare

ANZUCHTERDE STERILISIEREN

Um die Gefahr von Schädlingen und Schimmel zu verringern, gebe ich organische Substrate vor dem Gebrauch in einen feuerfesten Behälter und sterilisiere sie bei ca. 100 °C für 30 bis 40 Minuten im Backofen.

Zimmerpflanzen dünge ich auch gelegentlich mit organischem Flüssigdünger und topfe sie ca. alle 2 Jahre in ein etwas größeres Gefäß um, damit die Wurzeln wieder genug Platz haben.

Warum nur sparsam düngen?

Vielleicht habt Ihr schon mal von Nitrat gehört: Die meisten Pflanzen benötigen es zum Aufbau von Proteinen (Eiweiß), es ist also zuerst mal ein guter Stoff, der von verschiedenen Arten unterschiedlich stark eingelagert wird. Zur Anreicherung neigen Salate, Blatt- und Wurzelgemüse wie Rote Bete oder Möhren, während Fruchtgemüse wie Tomaten oder Paprika eher geringe Mengen speichern. Das liegt daran, dass es vor allem in den Pflanzenteilen vorkommt, die zum pflanzlichen Stoffwechsel gehören, also Wurzeln und Blätter. Zwischen der Düngung mit (zu viel) Stickstoff und der Bildung von Nitrat besteht ein direkter Zusammenhang. Zwar schadet uns Menschen Nitrat selbst nicht, wenn wir jedoch zu viel davon aufnehmen, kann es durch Bakterien im Mund oder Magen zu schädlichem Nitrit umgewandelt werden. Das könnt Ihr schon beim Anbau vermeiden, denn Nitrat wird durch Sonnenein-

Erde, Kokosfasern und mineralische Substrate

strahlung, aber auch durch ausreichende Mengen künstlichen Lichts abgebaut. Ich vermeide es durch eine Mischung aus sparsamer Düngung, ausreichender Belichtung und indem ich nicht direkt nach der nächtlichen Ruhephase ernte.

SUBSTRATE, ERDEN UND ZUSATZSTOFFE

organisch	
Anzuchterde	enthält alle notwendigen Nährstoffe für die Anzucht, aber Gefahr von Krankheiten und Schädlingen
Bio-Pflanzerde	gibt es je nach Bedarf für Gemüse, Kräuter, Blumen und enthält alle notwendigen Nährstoffe für die Pflanzen, birgt aber die Gefahr von Krankheiten und Schädlingen
Blumenerde	enthält ggf. zu viele mineralische Nährstoffe für viele Gemüsearten und Salate
Kokos-Substrat	leicht, platzsparend zu lagern, ohne eigenen Nährstoffvorrat, Schimmelgefahr
Kokos-Quelltabs	wie Kokos-Substrat, funktionieren aber ohne Behälter
mineralisch	
Vermiculit	geblähtes Tonmineral, leicht, keimfrei, guter Wasserspeicher, keine Nährstoffe
Perlite	geblähtes Vulkangestein, leicht, keimfrei, guter Wasserspeicher, keine Nährstoffe
Blähton (z. B. Seramis)	gebrannter Ton, guter Wasserspeicher, ggf. vorgedüngt
Steinwolle	keimfrei, wenig nachhaltig in der Herstellung, strukturgebend für Keimlinge

Steinwolle und andere Substrat-Pads vorab in klarem Wasser einweichen.

Nun die Keimung abwarten.

ALTERNATIVE HYDROPONIK

Die Pflanzung ohne Erde hat für den Indoor-Anbau einige Vorteile, z. B. die Sterilität der mineralischen Substrate sowie die verminderte Gefahr von Schimmel, Pilzkrankheiten und Schädlingen wie Trauer-

mücken. Allerdings erfordert Hydroponik einiges an Hintergrundwissen und man muss eventuell Parameter prüfen und anpassen, die bei der Kultur in Erde schon vorgegeben sind, wie pH- und EC-Wert sowie das Nährstoffangebot.

EINFACHE INDOOR-GARTEN-SYSTEME AUS DEM HANDEL

Mittlerweile gibt es recht einfache Komplettlösungen für Anfänger, bei denen man fertige Samenkapseln in einem „Indoor-Garten" platziert und entweder reines Leitungswasser oder Wasser in Kombination mit einer fertigen Nährstofflösung zugibt. In diesen Systemen ist es sogar möglich, Tomaten oder Paprika zu ernten, da Saatgut, Licht, Substrat und Nährlösung ideal aufeinander abgestimmt sind.

Für einen ersten Hydroponik-Versuch: Schluckt den sauren Drops eines Komplettsystems mit mineralischem Dünger. Er ist für Euch nicht schädlich und das anfallende Wasser wird von den Pflanzen nahezu komplett verbraucht. Die Düngermenge, die am Ende des Kulturzyklus übrig bleibt, ist wahr-

Auch ohne Erde wachsen hier Salat, Mangold und Pak Choi.

VORTEILE VON HYDROPONIK

— Im Gegensatz zur Erde, in der ja schon verschiedene Stoffe enthalten sind, kann beim Anbau mit Hydroponik die Nährstoffversorgung exakt eingestellt und auf die verschiedenen Wachstumsphasen der Pflanze sehr genau angepasst werden.

— Bei einer professionellen Ausführung der Anlage werden die Wurzeln optimal mit Wasser und Sauerstoff versorgt.

— Es kann auf kleinerem Raum angebaut werden, da die Wurzeln nicht so viel Platz benötigen und Pflanzen sehr einfach in mehreren Etagen gestapelt werden können. Ohne Erde fehlen auch die Bodenlebewesen, wodurch Probleme durch Pilze und tierische Schädlinge verringert werden können. Dadurch lassen sich Pestizid- und Herbizidmengen signifikant verringern.

— Bei geschlossenen Kreisläufen wird deutlich weniger Wasser benötigt.

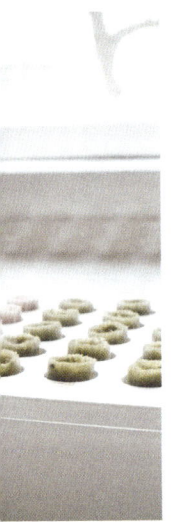

scheinlich so gering, dass Ihr das Restwasser sogar in die Kanalisation geben könnt.

Klappt Hydroponik auch bio?

Hydroponik mit organischer Düngung hinzukriegen kann sehr komplex werden, da organische Dünger erst durch Mikroorganismen – die in Pflanzerde bereits vorhanden sind – für den pflanzlichen Stoffwechsel aufgeschlossen werden müssen. Wenn Ihr es ausprobieren möchtet, dann braucht Ihr Filter, geeignete Bakterien und eventuell auch eine Umwälzpumpe, da Ihr sonst statt leckerem Salat nur eine übelriechende Brühe produziert.

Wichtige Faktoren: pH-Wert und EC-Wert

Der pH-Wert und der EC-Wert sind die wichtigsten Einheiten in der Hydroponik. Für gesundes Wachstum müssen beide im Ideal- oder zumindest Normbereich liegen. Was beeinflussen sie? Wie werden sie gemessen? Warum sind sie so wichtig? Der pH-Wert zeigt, wie sauer oder basisch eine Nährlösung ist. Die Werte liegen auf einer Skala von 0 (sauer) bis 14 (alkalisch), wobei 7 als pH-neutral gilt. Der pH-Wert der Nährlösung beeinflusst die Verfügbarkeit der Nährstoffe, da manche bei alkalischen oder sauren Bedingungen besser verfügbar sind. Da Pflanzen unterschiedliche Nährstoffanforderungen haben, ist also auch der optimale pH-Wert individuell.

Der EC-Wert, der in Siemens (S) gemessen wird, benennt die elektrische Leitfähigkeit einer Lösung und gibt Auskunft über die Menge gelöster Salze. Nährstoffe lassen sich in Ionen zerlegen, die aufgrund ihrer Ladung Strom leiten können. Die Lösung ist demnach umso leitfähiger, desto mehr Nährstoffe in ihr vorhanden sind. Wir können durch die Messung und entsprechende Anpassung also Nährstoffmangel vorbeugen, aber ebenso eine Überdüngung vermeiden, die im schlimmsten Fall zu Verbrennungen der Wurzeln und dem Absterben der Pflanze führen könnte. Es gibt mittlerweile viele gute Tabellen für optimale Werte verschiedener Kulturen. Wenn Ihr tiefer ins Thema einsteigen möchtet, findet Ihr auf Seite 108 ein tolles Buch, das mir beim Verständnis und ersten Versuchen sehr geholfen hat.

AUSSÄEN UND PIKIEREN

Die Aussaat und Aufzucht von Jungpflanzen für die Wohnung läuft ähnlich ab wie beim Gemüse, das später ins Freiland gesetzt wird.

1.
Saatgut ab einer Größe von 1 bis 2 mm am besten über Nacht in lauwarmem Wasser einweichen und quellen lassen. Das beschleunigt und verbessert die Keimrate.

2.
Je nach Pflanzenart und verfügbarem Material könnt Ihr flächig in Saatschalen bzw. leere Obstverpackungen säen, aber auch einzeln in Kokos-Tabs, gepresste Erdballen oder kleine Töpfchen.

3.
Dicke Samen, wie z. B. Mangold, sind meist Dunkelkeimer und werden mit Erde oder Sand überdeckt, während feine Samen, z. B. von Salat, meist Lichtkeimer sind und nicht bedeckt werden.

4.
Die Aussaat vorsichtig angießen. Ich benutze eine feine Handbrause oder selbst gebastelte Mini-Gießkanne, mit der ich das Wasser gut dosieren kann und feine Samen nicht versehentlich weggespült werden.

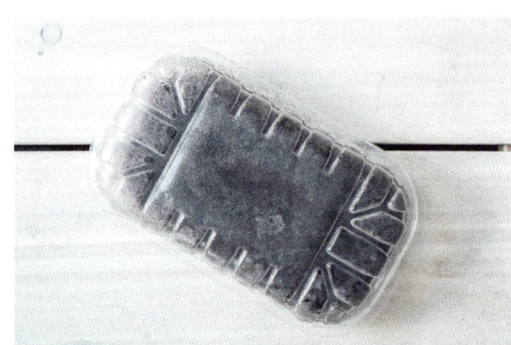

5.
Ideal für die Keimung ist ein Kleinklima mit hoher Luftfeuchtigkeit. Die Aussaat daher am besten mit einem umgestülpten Einmachglas oder einer Einwegverpackung abdecken. Alternativ könnt Ihr die Aussaat auch in ein Mini-Gewächshaus stellen. Wichtig: mindestens einmal pro Tag etwas lüften, damit kein Schimmel entsteht.

6.

Nach einigen Tagen könnt Ihr wahrscheinlich schon das erste Grün in Form der Keimblätter bewundern. Wenn Ihr in Saatschalen ausgesät habt, solltet Ihr die Pflänzchen – sobald die ersten richtigen Blätter erschienen sind – vorsichtig pikieren (vereinzeln) und umtopfen.

7.

Sollten Eure Keimlinge wegen warmer Temperaturen oder wenig Licht sehr lang und dünn geraten sein, könnt Ihr auch früher vereinzeln. Seid dann nur besonders vorsichtig, die zarten Stiele und Wurzeln der Pflänzchen beim Teilen möglichst nicht zu verletzen.

8.

Füllt ein Töpfchen mit feuchter Pflanzerde und bohrt mit einem Bleistift, Pikierstab oder einem Eisstiel ein möglichst tiefes Loch. Setzt nun den Keimling vorsichtig hinein und schiebt ihn ggf. ganz zart noch etwas weiter nach unten. Das Tiefersetzen vermindert die Gefahr, dass die Jungpflanze abknickt. Stellt Eure Schützlinge nun möglichst hell und kühl.

Licht und LED-Leuchten

Falls es in Eurer Wohnung eher dunkel ist und die Pflanzen nur wenig Tageslicht bekommen, könnt Ihr mit geeigneten Pflanzenlampen nachhelfen.

WOFÜR BRAUCHEN PFLANZEN EIGENTLICH LICHT?

Vielleicht erinnert Ihr Euch noch an den Biounterricht: Pflanzen absorbieren mit ihrem grünen Farbstoff (Chlorophyll) einen Bereich des Lichtspektrums und bauen dann die elektromagnetische Lichtenergie in chemische Energie um. Da dieser Vorgang je nach Pflanze bei mehr oder weniger starker Strahlung ablaufen kann, tragen einige Arten wie Tomaten oder Paprika im Freiland nur an einem vollsonnigen Standort Früchte, während Salate oder Erbsen auch im Halbschatten klarkommen. Die verschiedenen Bedürfnisse könnt Ihr für die Ernte in der Wohnung nutzen und entweder anspruchslose Pflanzen wie Salate auf einem hellen Fensterbrett anbauen oder bei lichthungrigen Kulturen mit entsprechenden Leuchten nachhelfen. Wer ein gut besonntes Fensterbrett freiräumt und einige Pflanzgefäße aufstellt, hat es sicher am einfachsten. Zwar hält die Glasscheibe einen Teil der UV-Strahlung ab (vor allem das UV-B Spektrum), es kommt jedoch noch genug für gutes Wachstum an, da Pflanzen die UV-Strahlung sogar teilweise filtern, um ähnlich wie wir Menschen keinen Sonnenbrand zu bekommen. Bei sehr starker Sonneneinstrahlung kann es aber sogar sein, dass Ihr im Sommer eine leichte Gardine braucht, z. B. wenn helle, trockene Flecken auf den Blättern entstehen.

Sind wir auf einer Wellenlänge?

Für die Photosynthese brauchen Pflanzen bestimmte Wellenlängen. Der Bereich wird als „Photosynthetically Active Radiation" (PAR) bezeichnet. Das Chlorophyll absorbiert nämlich genau die passende Strahlung. Um nicht unnötig tief ins Thema einzusteigen: Die beste Wirkung haben das sichtbare blaue und rote Licht. Während das kurzwellige blaue Licht besonders energiereich ist und die Photosynthese so stark ankurbelt, dass viel Glucose zur Blattbildung produziert werden kann, ist das langwellige rote Licht energieärmer und unterstützt besonders die Blühphasen.

DIE PASSENDEN LEUCHTEN FINDEN

Wenn neben rotem und blauem Licht noch grüne Anteile vorhanden sind, erscheint das Licht angenehm weiß und macht sich dadurch optisch auch gut im Zimmer. Für die Auswahl geeigneter Leuchten kann neben der Lichtfarbe und der PAR auch die Angabe der „Photosynthetischen Photonenflussdichte" (PPFD) relevant sein. Sie beschreibt, wie viele Photonen auf einem Quadratmeter bei einem definierten Abstand ankommen. Je höher der Wert, desto „besser" ist die Leuchte. Ein weiterer wichtiger Faktor für die Auswahl ist die Wärmestrahlung, die durch die Lampen entsteht: Bei modernen LEDs besteht keine Gefahr einer Überhit-

CHECKLISTE:

PFLANZENLAMPEN

- ☐ Die Leuchten sollten kurzwelliges blaues Licht und langwelliges rotes Licht umfassen, um sowohl das Blattwachstum als auch die Blütenbildung zu unterstützen.

- ☐ Möglichst hohe Lichtausbeute bei möglichst geringer elektrischer Leistung.

- ☐ Bei Temperaturen über 38 °C können Zellschäden an den Pflanzen entstehen – deshalb möglichst nur Leuchten mit geringer Wärmeentwicklung nutzen, z. B. LEDs.

Es gibt spezielle Pflanzenlampen (wie abgebildet), man kann aber auch einfach eine Pflanzenlampen-LED-Birne in eine gewöhnliche Schreibtischlampe drehen.

Die Ernte aus dem Mini-Küchengarten landet gerade im Winter oft direkt in der Pfanne oder auf dem Teller.

zung, achtet bei anderen Leuchten aber darauf, dass sie nicht zu viel Wärme abgeben, da das für Pflanzen gefährlich werden kann. Bei fertigen Indoor-Gärten und bei Leuchten namhafter Hersteller sind all diese Faktoren meist schon sehr gut abgestimmt. Wenn Ihr Euer System selbst zusammenstellt, geben Euch diese Infos aber Anhaltspunkte über Qualität und Wirkungsgrad. Achtet beim Aufbau in jedem Fall auf einen möglichst geringen Abstand der Lichtquelle zu den Pflanzen und auch darauf, dass sich Eure Zöglinge durch die Blätter nicht gegenseitig verschatten. Besonders sinnvoll finde ich eine höhenverstellbare Beleuchtungseinheit, die man nach oben schieben oder verlängern kann, sobald die Pflanzen eine gewisse Höhe erreicht haben. Eine Auswahl von Systemen, die ich ausprobiert und für geeignet befunden habe, findet Ihr im Serviceteil am Ende des Buches.

Was ist ein gutes Beleuchtungsintervall?

Bei vielen Komplettlösungen sind bereits Beleuchtungszyklen von 12, 15 oder 18 Stunden voreingestellt und über einen Timer anwählbar. Ich finde es am besten, wenn sich das Pflanzenlicht ungefähr zu meiner Schlafenszeit abschaltet, da ich gerne vermeiden möchte, dass unsere Nachbarn denken, bei uns im Wohnzimmer stünde statt einer bunten Salatbar eine Hanfplantage. Solange man keine professionelle Indoor-Farm für möglichst großen oder schnellen Ertrag betreibt, reicht ein etwas kürzeres Intervall von 10 oder 12 Stunden auch aus. Was wirklich wichtig ist: Die Pflanzen benötigen eine regelmäßige dunkle Ruhephase von einigen Stunden, am einfachsten über Nacht. Die voreingestellten Intervalle sind bei manchen Systemen allerdings etwas „eigenwillig". Ich habe schon erlebt, dass ohne mein Zutun nachts das Licht brannte. Um also sicherzugehen, dass sich der Zimmergarten nachts nicht versehentlich einschaltet, installiere ich eine einfache Zeitschaltuhr zwischen Lampe und Steckdose, die nachts die Stromversorgung zuverlässig unterbricht.

Benötigt Kunstlicht viel Strom?

Falls Ihr Euch Gedanken wegen des Stromverbrauchs einer zusätzlichen Beleuchtung macht:

1

ist wirklich halb so wild. Moderne LED-Pflanzenleuchten sind sehr sparsam und haben einen angenehmen Lichteindruck, weshalb Ihr sie auch statt normaler Lampen nutzen könnt. Ich habe statt einer Arbeitsplatzbeleuchtung einen kleinen Indoor-Garten direkt in der Küche installiert und nutze auch im Büro einen Mini-Kräutergarten statt einer Schreibtischlampe. Da viele Salate und Gemüse aus dem Laden gerade in der dunklen Jahreszeit unter künstlichen Bedingungen produziert werden oder sehr lange Wege hinter sich haben, schneidet der Anbau zuhause nicht schlechter ab.

Was passiert bei Lichtmangel?

Wenn Pflanzen zu dunkel stehen, versuchen sie mit aller Kraft zum Licht zu kommen. Für gewöhnlich führt die Richtung nach oben, um über schatten-

2

3

4

werfende Konkurrenten hinauszuwachsen. Dabei wächst die Kultur zwar schnell, bildet aber leider oft lange und instabile Triebe. Man nennt das vergeilen. Mit Pflanzenlampen könnt Ihr dem unerwünschten Wuchsverhalten entgegenwirken. Stellt die Setzlinge dann nach Möglichkeit auch etwas kühler, da dies den pflanzlichen Stoffwechsel verlangsamt und das übermäßige Wachstum zusätzlich gedrosselt wird. Bei deutlich zu wenig Licht werfen Pflanzen manchmal Knospen oder Blätter ab, um diese bei geringer Photosynthese-Tätigkeit nicht weiter versorgen zu müssen. In diesem Fall solltet Ihr möglichst schnell zusätzliches Licht installieren, da sie bei länger anhaltendem Lichtmangel sonst sogar absterben können. Wichtig ist eine gute Beleuchtung wie gesagt auch, um einer übermäßigen Nitrateinlagerung vorzubeugen (S. 13).

1. Die Lichteinheit dieses Mini-Gartens lässt sich stufenlos höhenverstellen und „wächst" dadurch einfach mit.

2. Bei einigen fertigen Systemen sind Licht, Saatgut, Substrat und Dünger optimal aufeinander abgestimmt.

3. Lange und dünne Setzlinge lassen sich durch Zusatzbeleuchtung und tieferes Einpflanzen oft noch retten.

4. Pflanzenlampen mit integriertem Untersetzer schützen nebenbei auch die Möbel vor Wasserflecken.

INDOOR-GARTEN

Mit flachen und energiesparenden LED-Pflanzenlampen könnt Ihr aus jedem beliebigen Regal einen Indoor-Garten bauen.

1.
LED-Pflanzenlampen mit weißem Lichteindruck gibt es in vielen unterschiedlichen Längen. Schraubt sie je nach Platz und Geschmack einfach auf die Unterseite eines Regalfachbodens.

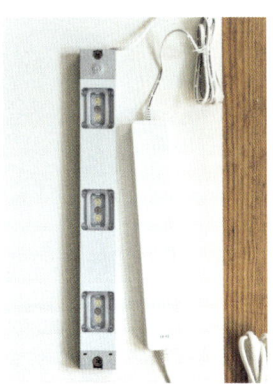

2.
Achtet bei der Wahl des Fabrikats auf eine gute Befestigungsmöglichkeit. Die abgebildete Leuchte hat z. B. vorgefertigte Löcher, durch die sie schnell und einfach angeschraubt werden kann.

3.
Fädelt Kabel und Trafo möglichst versteckt durch die Rückwand (wenn vorhanden). So fallen sie später optisch nicht oder nur kaum auf.

4.
Die Rückwand wieder fixieren und das Regal in der Nähe einer Steckdose aufstellen, die Leuchte ggf. in eine Zeitschaltuhr einstecken. Wenn Ihr eine Start- und Endzeit festlegt, schaltet sich Euer Garten automatisch an und aus.

5.
Ihr könnt entweder ein komplettes Regal mit Pflanzenleuchten bestücken oder nur einen Teil eines Küchen- oder Wohnzimmerregals nutzen, je nachdem wie viel Platz Ihr habt und wie viel Ihr anbauen möchtet.

Temperatur und Luftfeuchte

In der Wohnung herrschen vor allem im Winter ganz andere Bedingungen als draußen. Gut für uns und frostempfindliche Pflanzen, da wir nicht (er-)frieren können.

JAHRESZEITEN IM ZIMMER

Im Gegensatz zum Garten, in dem sich viele Pflanzen im Winter nur unmerklich entwickeln oder aufgrund der Kälte sogar absterben, kann man im Zimmer rund ums Jahr gute Wachstumsbedingungen herstellen und theoretisch auch im Winter Salate, Gemüse und Kräuter ernten. Allerdings gibt es auch in der Wohnung so etwas wie Jahreszeiten, nur ganz anders als im Freiland.

Indoor-Winter

Der wichtigste Termin im Indoor-Gartenjahr ist sicherlich der Beginn der Heizperiode. Die zusätzliche Wärme regt den pflanzlichen Stoffwechsel an, doch gleichzeitig reicht das verfügbare Licht oft zum Wachsen nicht aus. Weiter bedeutet die trockene Luft nicht nur für unsere Haut und Atemwege Stress, sondern auch für die Pflanzen. Von Zimmerpflanzen kennt Ihr das vielleicht schon, vor allem, wenn sie auf dem Fensterbrett über der Heizung stehen. Trockene Luft und warme Temperaturen stellen besonders für Arten mit dünnen und weichen Blättern eine starke Belastung dar und macht sie anfälliger für Schädlinge und Krankheiten. Gestresste Pflanzen sind weniger robust als entspannte Exemplare unter optimalen Bedingungen – ähnlich wie bei uns Menschen.

Was Euch guttut, gefällt auch den Pflanzen. Sorgt während der Heizperiode daher für etwas zusätzliche Luftfeuchte – entweder durch einen Luftbefeuchter, eine Schale mit Wasser auf der Heizung oder durch Besprühen der Pflanzen mit frischem Leitungswasser. Da unser Wasser sehr kalkhaltig ist, benutze ich einen Wasserfilter, um Kalkablagerungen auf den Blättern zu vermeiden. Wechselt die Flüssigkeit in der Sprühflasche und auf der Heizung am besten täglich, da sich sonst Keime schnell vermehren und sich sogar Algen bilden können. Eine weitere Möglichkeit zur Verbesserung des Raumklimas ist, die Pflanztöpfe auf breite, mit Tongranulat gefüllte Untersetzer zu stellen, in denen immer etwas Wasser steht. Es verdunstet laufend und befeuchtet die Luft in der unmittelbaren Umgebung, ohne jedoch Staunässe an den Wurzeln zu verursachen.

Indoor-Sommer

Im Sommer ist die Lage relativ entspannt – schützt Eure Pflänzchen nur vor zu starker Sonneneinstrah-

lung und damit verbundener Austrocknung. Ich mache dafür gerne tagsüber das Fenster auf und gönne den Pflänzchen etwas Frischluft und Freiland-Gefühl. Ein Fun-Fact: Pflanzen wachsen kräftiger, wenn gelegentlich ein leichter Wind weht. Deshalb gibt es Hobbygärtner, die ihre Jungpflanzen täglich etwas „streicheln" und bewegen. Diesen Frühling habe ich es ausprobiert und es scheint wirklich einen stärkenden Effekt zu haben. Große Hydroponik-Farmen installieren sogar Ventilatoren, um einen natürlichen Luftzug zu simulieren.

FÜR GUTES KLIMA DIREKT NACH DER AUSSAAT SORGEN

Gerade während der Keimung ist es wichtig, auf eine konstante Luftfeuchtigkeit zu achten, da die Samen für eine gute Entwicklung aufquellen müssen. Bei Trockenheit gerät die Keimung ins Stocken und im schlimmsten Fall sterben kleine Keimlinge sofort wieder ab. Einige Arten, wie z. B. Chilis, keimen am besten bei Temperaturen um 25 °C. Platziert sie daher einfach kurzzeitig auf einem warmen Fensterbrett. Optimal ist es, wenn Ihr die Aussaat in ein Anzuchtgewächshaus stellt, das Ihr mindestens

1. Achtet beim Sonnenbad auf dem Fensterbrett auf sicheren Stand der Pflanzgefäße.

2. Ein feuchter Sprühnebel freut nicht nur die Pflanzen, sondern kann bei trockener Heizungsluft auch das Raumklima verbessern.

3. Tongranulat im Untersetzer ist eine Befeuchtungsalternative, die wenig Mühe macht.

einmal pro Tag lüftet. Durch die Mischung von Wärme und Feuchtigkeit kann sich im Inneren sonst Schimmel in der Pflanzerde entwickeln. Stellt die Keimlinge, sobald sie 2 bis 3 cm groß sind, hell und vor allem kühler, damit sie nicht lang und dünn werden.

Probleme:
Schädlinge und Schimmel

Da im Indoor-Garten andere Bedingungen herrschen als draußen im Beet, sind auch etwas andere Strategien gefragt, um Schädlinge und Krankheiten in Schach zu halten.

KEINE CHEMIE!

Nutzt bitte keine chemischen Spritzmittel für Zimmerpflanzen – Ihr möchtet Eure angebauten Pflanzen ja kurze Zeit später ernten und essen. Abhilfe schaffen fleißige Helfer in Form von Nützlingen, die man auch per Post bestellen kann.

PROBLEME ERKENNEN

Trotz liebevoller Pflege gibt es manchmal Probleme, besonders im Winter. Wenn Ihr nichts unternehmt, können Schädlinge und Krankheiten die Pflanzen schwächen und sich schnell ausbreiten. Ein Befall zeigt sich oft durch gelbe, verwelkte, deformierte bzw. gekräuselte Blätter oder wenn Pflanzen von weißem Flaum oder Gespinsten überzogen sind. Weitere Indizien sind ein klebriger Belag und sehr zögerliches Wachstum.

WAS KANN MAN TUN?

Neben trockener Heizungsluft und fehlendem Licht ist meist eine zu stickstoffbetonte Düngung die Ursache. Die Pflanzen wachsen zu schnell, und weiche Blätter sind viel anfälliger für Schädlinge und Krankheiten. Natürlich ist es immer besser, wenn erst gar keine Probleme auftreten. Achtet daher unbedingt auf die Grundbedürfnisse Eurer Pflanzen: Licht, Wasser und ein ausgewogenes Nährstoffangebot! Da kräftige Pflanzen deutlich seltener befallen werden, versuche ich vor allem die pflanzlichen Widerstandskräfte zu stärken.

Wenn Erde schimmelt

Achtet bereits bei der Aussaat oder beim Umtopfen auf Anzeichen von Schimmel, wie weißen Flaum oder muffigen Geruch. Da Schimmel durch Staunässe begünstigt wird, ist sparsames Gießen eine gute Vermeidungsstrategie. Taucht er dennoch auf, gebe ich einige Tropfen Teebaumöl ins Gießwasser oder bestreue die befallene Erde dünn mit Aktivkohle. Ich habe keine guten Erfahrungen mit Blöcken aus Kokos-Substrat gemacht – die kleinen Kokos-Quelltöpfe klappen bei mir aber erstaunlich gut. Wirklich abraten würde ich Euch wie gesagt von gepressten Papiertöpf-

2

chen, da die Erde oben schnell abtrocknet, während die Seiten durchfeuchten und dadurch schnell zu schimmeln beginnen.

Ausbreitung vermeiden

Wenn ich neue Pflanzen ins Haus bringe, schaue ich sie mir genau an und stelle sie für einige Tage in einen separaten Raum, um sicherzugehen, dass keine blinden Parasiten an Bord sind. Falls ich doch etwas entdecke, behandle ich die Sorgenkinder und isoliere sie, bis sie gesund sind. Haben sich tatsächlich mal Krankheiten oder Schädlinge im Indoor-Garten ausgebreitet, macht „reinen Tisch": Entfernt befallene Pflanzenteile oder entsorgt bei starkem Befall alle kranken Pflanzen, säubert Töpfe und Flächen und startet neu – auch wenn es Euch schwerfällt. Meist braucht es für den Neuanfang nur ein paar Samen, etwas Erde und Geduld.

DIE WICHTIGSTEN SCHÄDLINGE

Blatt- und Schildläuse, Trauermücken, Spinnmilben und Minierfliegen können Indoor-Gärtner ganz schön ärgern. Aber wer seinen Gegner um die Ernte gut kennt, kann ihm einen Strich durch die Rechnung machen. Daher schauen wir uns diese Tierchen jetzt etwas genauer an.

Blattläuse

Sie gehören zu den häufigsten Plagen: sie stechen die Blätter an und ernähren sich vom Pflanzensaft. Die Tierchen sind leicht zu entdecken, da sie sich schnell vermehren und gut sichtbar sind. Gekräuselte Pflanzenblätter und ein klebriger Belag (Honigtau) sind eindeutige Warnsignale. Meist sitzen sie vor allem auf jungen und weichen Blättern. Da im Innenraum keine natürlichen Feinde vorhanden sind, können sie gerade an Salaten

1. Gelbstecker wirken nicht nur gegen ausgewachsene, flugfähige Trauermücken, sie helfen auch, die Stärke des Befalls einzuschätzen.

2. Bei anhaltenden Blattlausproblemen kann auch ein Rückschnitt stark betroffener Pflanzenteile helfen.

oder Kräutern sehr nerven, denn man will sie ja nicht mitessen. Aber keine Panik, man bekommt Blattläuse durch einfaches Abspülen der Pflanzen unter dem Wasserhahn ganz gut in den Griff. Passt nur auf, dass Ihr dabei nicht die Erde aus dem Topf herausspült. Ich packe den Pflanzbehälter dazu meist in eine Plastiktüte und halte nur die oberirdischen Teile unter den Wasserstrahl. Manchmal muss man diese Prozedur ein paar Tage in Folge wiederholen, aber so klappt es auch ohne Chemie.

Schildläuse

Sie sind kleiner als Blattläuse, gut getarnt und schwer zu erkennen, da sie leicht mit Erde zu verwechseln sind. Besonderes Merkmal ist ihr dunkles, ca. 2 mm großes, wachsartiges Schild. Auch sie saugen Saft aus den Blättern und sondern Honigtau ab. Um die Tierchen loszuwerden, vermischt man 30 ml Spiritus und 30 g Schmierseife mit 1 Liter lauwarmem Wasser, schüttelt gut durch und besprüht die Blätter der befallenen Pflanzen. Allerdings nicht bei Salaten oder anderen Pflanzen anwenden, deren Blätter Ihr essen möchtet, sondern besser auch hier einfach mit klarem Wasser abspülen.

Trauermücken

Falls Ihr an Euren Pflänzchen winzige dunkle Fliegen entdeckt, sind das mit ziemlicher Sicherheit Trauermücken. Sie entwickeln sich in dauerfeuchter Erde und breiten sich leider schnell aus. Die Mücken legen Eier in die nasse Erde, aus denen kurz darauf die Larven schlüpfen. Diese ernähren sich von Pflanzenwurzeln und können sie so weit schädigen, dass die Pflanzen absterben. Wenn Ihr neben dem Sterilisieren der Erde zusätzlich vorbeugen möchtet, bedeckt die Erde mit etwas Sand oder Vermiculit, da es die Mücken bei der Eiablage behindert. Nur sparsam gießen und ggf. eine Weile lediglich von unten über den Untersetzer bewässern. Bei beginnendem Befall die Erde einmal komplett austrocknen lassen und bereits vorhandene Mücken mit Gelbsteckern fangen. Auch Umtopfen in frische Erde ist sinnvoll. Bei stärkerem Befall von Einzel- oder Gruppenpflanzen setze ich dem Gießwasser ein Neemöl-Präparat zu. Die Anwendung muss man allerdings ca. dreimal im Abstand von etwa einer Woche wiederholen, da nur bereits geschlüpfte Larven abgetötet werden. Am sichersten ist eine Behandlung mit speziellen Nematoden (Fadenwürmern), die sich von den Trauermückenlarven ernähren. Sie werden in Form eines feinen Pulvers angeboten, das nach genauer Anleitung ins Gießwasser gegeben wird. Keine Angst, es ist überhaupt nicht eklig – sobald alle Trauermücken verschwunden sind, sterben auch die Nematoden ab.

CHECKLISTE:

TO-DOS BEI BEFALL

- ☐ mechanisch entfernen, z. B. durch Abspülen
- ☐ befallene Blätter entfernen und entsorgen
- ☐ kranke Pflanzen möglichst separieren
- ☐ bei sehr starkem Befall Nützlinge einsetzen
- ☐ im schlimmsten Fall entsorgen und neu starten

Spinnmilben

Auch sie ernähren sich von den Pflanzensäften. Sie sind schwer zu erkennen, haltet daher besonders während der Heizperiode die Augen nach weißen, ovalen, ca. 1 mm kleinen Tierchen offen. Mögliche Anzeichen sind veränderte Blätter mit gelben Sprenkeln und feine Gespinste. Durch die saugenden Parasiten verlieren die Blätter ihre grüne Farbe und sterben im schlimmsten Fall ab. Wenn Ihr vorbeugen möchtet, am besten die Luftfeuchtigkeit erhöhen. Zur Bekämpfung spült Ihr die Pflanzen ab und stellt sie danach für einige Zeit in ein Anzuchtgewächshaus, um ein feuchtes Kleinklima zu erzeugen, das die Spinnmilben meist innerhalb einer Woche abtötet. Hier wieder regelmäßig lüften, um Schimmel zu vermeiden. Eine geeignete Sprühlösung könnt Ihr aus Wasser und Rapsöl (z. B. 250 ml Öl auf 1 Liter Wasser) herstellen und die befallenen Pflanzen zweimal pro Woche damit einsprühen. Das Öl verklebt die Atemöffnungen der Schädlinge, die dadurch ersticken. Eine alternative Methode, die vor allem auf die Pflanzenstärkung abzielt: eine Woche lang die Blätter täglich mit Zwiebelsud oder Brennnesseltee abwischen.

Minierfliegen

Die ca. 2 mm kleinen Fliegen selbst sind eher harmlos, die eigentlichen Schädlinge sind ihre Larven. Diese leben innerhalb der Pflanzenblätter und sind daher nicht sichtbar. Auffällig sind aber die Fraßgänge auf den Blättern, die an kleine Labyrinthe erinnern. Um eine Ausbreitung zu vermeiden, entfernt Ihr am besten zügig alle befallenen Blätter, gebt sie in den Müll und stellt die Pflanzen unbe-dingt für eine Weile in Quarantäne. Wenn immer wieder Fraßspuren auftauchen, würde ich einfache Kulturen wie Salate entsorgen. Falls lieb gewonnene Pflanzen betroffen sind, könnt Ihr Nützlinge (Schlupfwespen) bestellen. Und nein: es fliegen dann keine Wespen durchs Zimmer. Die Tiere sind winzig und auch sie verschwinden von selbst wieder, sobald ihre Arbeit erledigt ist.

1. Sonnenbrand oder Pilzkrankheiten verursachen deformierte Blätter.

2. In weichen Blättern sind die Fraßgänge von Minierfliegen nicht immer scharf abgegrenzt.

3. Schildläuse sind oft erst auf den zweiten Blick zu erkennen.

KEIMSPROSSEN & MICROGREENS

Keimsprossen selber ziehen

Keimsprossen sind die schnellste und einfachste Möglichkeit, auch ohne Garten oder Balkon frisches Grün auf den Teller zu bringen.

1

KLEINE POWERPAKETE

Keimsprossen enthalten, verglichen mit ausgewachsenem Gemüse, ein Vielfaches an Vitaminen und Mineralien. Ihr kennt sie wahrscheinlich vor allem aus der asiatischen Küche als Mungbohnen oder „Sojasprossen", oder aus dem Kühlregal im Bio-Laden – als Zutaten für Sandwiches oder Salate.

Keimsprossen sind kleine Keimlinge, die komplett – also mitsamt dem Samenkorn, aus dem sie gewachsen sind – gegessen werden. Buchweizen, Linsen, Alfalfa & Co können wir keimen lassen und damit Sandwiches, Bowls und Suppen aufpeppen.

WAS BRAUCHT MAN FÜR DIE ANZUCHT?

Entgegen der landläufigen Meinung benötigt man kein spezielles Keimgerät. Eigentlich reicht ein selbst gebas-teltes Sprossenglas oder ein Glas mit Schraubdeckel sowie ein Haushaltssieb, Saatgut und etwas Wasser. Wenn Ihr mit der Zeit immer mehr Gefallen an der Anzucht gefunden habt und größere Mengen anbauen möchtet, kann sich ein Keimturm aus Terracotta lohnen, da er die Feuchtigkeit kontrolliert abgibt und somit die Pflege etwas unaufwändiger wird.

Saatgut für Keimsprossen

Da man bei Keimsprossen neben den Keimblättchen auch die Samen, aus denen beim normalen Gärtnern eine ganze Pflanze werden könnte, aufisst, wäre potentes Saatgut für Gemüsepflanzen im Verhältnis viel zu teuer. Mittlerweile gibt es in vielen Bio-Läden und im Fachhandel eine gute Auswahl an relativ günstigem Saatgut zur Keimsprossen-Anzucht zu kaufen. Manche Naturkostmarken haben

auch Mix-Sorten im Sortiment, bei denen unterschiedliche Arten in einer Packung angeboten werden. Darüber hinaus könnt Ihr auch Saaten ausprobieren, die man eigentlich zum Kochen verwendet, wie Buchweizen oder Quinoa. Die sind aber manchmal keimschutzbehandelt – dann klappt es nicht. Immerhin lässt sich der Rest der Packung noch normal zum Kochen verwenden.

1. Außer Saatgut habt Ihr wahrscheinlich fast alle Utensilien zur Anzucht von Keimsprossen bereits zuhause.

2. Gerade im Winter sind Keimsprossen ein gesunder Frischekick für viele Mahlzeiten.

3. Viele Sprossen sehen unscheinbar aus, stecken aber voller Vitamine und Mineralien.

4. Einen Sprossenmix könnt Ihr auch selbst zusammenstellen, indem Ihr Arten mit ähnlicher Keimdauer mischt.

Als Keimglas eignen sich alle Arten von Schraub- oder Einmachgläsern. Da sie sichtbar in der Küche stehen, nutze ich jedoch gerne besonders schöne Exemplare.

KEIMSPROSSEN: SO GEHT'S GANZ EINFACH

Das Saatgut in lauwarmes Wasser geben und über Nacht aufquellen lassen. Eingeweichte Samen in ein selbst gebasteltes Keimglas geben und überschüssiges Wasser abgießen. Um das Wasser komplett abtropfen zu lassen, das Sprossenglas eine Weile schräg auf ein Trinkglas mit einem etwas größeren Durchmesser stellen. Die Sprossen nun ein- bis zweimal pro Tag mit frischem Wasser spülen und immer gut abtropfen lassen, da sich sonst Schimmel oder Fäulnis bilden können. Falls Ihr kein Keimglas zur Hand habt, könnt Ihr auch Löcher in den Deckel eines Schraubglases bohren. So einen gelochten Deckel jedoch nur für eine Anzuchtrunde verwenden, da er bei längerem Gebrauch anfängt zu rosten.

Hygiene-Regeln

Achtet unbedingt auf Sauberkeit und spült alle Utensilien vorab mit kochendem Wasser aus. Das Saatgut aber natürlich nicht in das heiße Wasser geben, sonst wird es unbrauchbar. Wenn Euch die fertigen Sprossen muffig oder schleimig vorkommen oder Schimmel zu sehen ist, bitte auf keinen Fall essen, sondern entsorgen!

Sprossen aufbewahren

Fertig gekeimte Sprossen halten sich im Kühlschrank ein paar Tage. Da sie recht schnell austrocknen, packt Ihr sie am besten in einen verschließbaren Behälter. Verbraucht die Sprossen jedoch so schnell wie möglich, denn auf der großen Oberfläche können sich Schimmel oder andere Keime leicht vermehren. Außerdem schmecken die Sprossen ganz frisch auch besser und sind innerhalb weniger Tage immer wieder frisch nachgezogen.

SPROSSENGLAS FÜR KEIMLINGE

Ein Sprossenglas zur Anzucht von Keimsprossen kann man mit einfachen Mitteln und kleinem Budget schnell selber machen.

1.
Ihr braucht ein leeres Schraub- oder Weckglas, ein Haushaltsgummi, ein Stückchen Gaze (gibt's als steriles Verbandsmittel in der Apotheke) und die Samen zum Keimen.

2.
Saatgut und etwas warmes Wasser ins Glas geben und die Gaze mit dem Haushaltsgummi befestigen.

3.
Saatgut über Nacht einweichen lassen, dann abgießen. Samen danach täglich einmal spülen.

4.
Sprossenglas zum Abtropfen auf ein Trinkglas stellen. So kann die überschüssige Flüssigkeit komplett ablaufen.

ALTERNATIVE
Statt der Gaze könnt Ihr auch ein Stück Fliegengitter aus Kunststoff benutzen und mit einer Schere zurechtschneiden.

KEIMSPROSSEN

ALFALFA | LUZERNE
— *Medicago sativa*

PFLANZE Alte Nutzpflanze aus der Familie der Hülsenfrüchtler, mit sehr hohem Gehalt an Antioxidantien.

GESCHMACK & VERWENDUNG Mild und nussig. Die feinen Keime roh für Salate und Sandwiches verwenden.

KEIMUNG Bereits nach einem Tag beginnen die Samen zu keimen, sind aber erst nach 5 Tagen genießbar, da sich der Giftstoff Canavanin (ein natürlicher Fraßschutz des Samens), erst dann vollständig abgebaut hat. Feine weiße Haare sind kein Schimmel, sondern die Wurzeln der Pflanze.

BOCKSHORNKLEE
— *Trigonella foenum-graecum*

PFLANZE Er gehört zu den Hülsenfrüchtlern, ist reich an Saponinen („Seifenstoffe", denen eine antivirale Wirkung zugeschrieben wird) und vielen verschiedenen Vitaminen.

GESCHMACK & VERWENDUNG Durch seinen herbwürzigen Geschmack ist er fester Bestandteil der indischen Küche, wird aber auch zum Aromatisieren von Käse genutzt. Die Sprossen schmecken toll in Salaten oder Smoothies.

KEIMUNG Nach 2 bis 4 Tagen verbrauchen, da die Sprossen danach unangenehm bitter schmecken können.

BUCHWEIZEN
— *Fagopyrum*

PFLANZE Glutenfreies Pseudogetreide aus der Familie der Knöterichgewächse. Reich am Antioxidantium Rutin.

GESCHMACK & VERWENDUNG Nussiger, milder Geschmack mit dem gewissen Biss, z. B. für Bowls oder Salate.

KEIMUNG Für Keimsprossen nur geschälte Samen nutzen oder ungeschältes Saatgut vor dem Einweichen heiß abspülen, da der rote Farbstoff Fagopyrin (in der Schale) Allergien auslösen kann. Durch die enthaltenen Schleimstoffe kann häufiges Spülen während der Keimung nötig sein.

LINSE
—— *Lens culinaris*

PFLANZE Hülsenfrüchte mit großer Sortenvielfalt, reich an Eiweiß, Mineralstoffen und Vitaminen.

GESCHMACK & VERWENDUNG Nussig und sättigend. Besonders intensiven Geschmack haben Beluga-Linsen-Sprossen. Wegen des Phasin-Gehalts anbraten oder blanchieren. Zu Pasten verarbeitet sehr lecker als Brotaufstrich.

KEIMUNG Schon nach 2 bis 3 Tagen. Es klappt auch mit handelsüblichen Linsen aus der Tüte, allerdings nicht mit bereits halbierten roten oder gelben Linsen.

MUNGOBOHNE
—— *Vigna radiata*

PFLANZE Sie wird auch Mungbohne genannt und gehört zu den Hülsenfrüchtlern. Oft werden die Sprossen fälschlicherweise als Sojasprossen bezeichnet. Sie enthalten neben Mineralstoffen vor allem sehr viel Vitamin E.

GESCHMACK & VERWENDUNG Knackig und frisch. Die relativ voluminösen Keime sind ideal für Wok-Gerichte.

KEIMUNG Die Samen vergrößern sich stark im Volumen und benötigen viel Wasser. Die Keimung beginnt nach ca. 2 bis 4 Tagen. Danach sind die Sprossen schnell erntereif.

QUINOA
—— *Chenopodium quinoa*

PFLANZE Auch Reismelde genannt, gehört zur Familie der Fuchsschwanzgewächse. Die winzigen einsamigen Nüsschen sind glutenfrei und besonders reich an Magnesium.

GESCHMACK & VERWENDUNG Nussig-frisch mit angenehm knackigem Biss. Toll für Salate und belegte Brote, aber auch eine leckere Zutat für Müsli oder als Topping für Porridge.

KEIMUNG Die Samen keimen sehr schnell und sind oft schon nach 1 bis 2 Tagen genussreif.

Grünsprossen und Microgreens aussäen

Leckere junge Blättchen von Radieschen oder Kresse ernten, die man auf Watte oder einer dünnen Schicht Erde aussät. Anders als bei Keimsprossen werden die Samen aber nicht mitgegessen, sondern später entsorgt.

1

WIE UNTERSCHEIDEN SICH DIE SPROSSEN?

Bei Keimsprossen essen wir den jungen Keimling, bevor er Blättchen ausbildet, d.h. nur die Samen mit ihren hellen, kleinen Wurzeltrieben. Grünsprossen werden im Keimblattstadium (Seite 41) und bei Microgreens etwas später die jungen Blättchen geerntet.

WAS BRAUCHT MAN FÜR DIE ANZUCHT?

Ihr benötigt ein Schälchen oder einen flachen Teller, einige Wattepads und ein Glas oder eine Plastiktüte, um ein provisorisches Mini-Gewächshaus zu basteln. Feuchtet die Wattepads unterm Wasserhahn oder mit einer feinen Brause etwas an, legt sie auf den Teller und streut das Saatgut relativ

dicht darauf. Dicke Samen am besten über Nacht in Wasser quellen lassen, feine Samen ohne Einweichen direkt säen. Das Einmachglas oder die Tüte über den Teller stülpen, um ein feuchtes Kleinklima zu erzeugen, und abwarten. Täglich lüften, um Schimmel zu vermeiden, und nur bei Anzeichen von Trockenheit gießen. Wenn die ersten Keimblätter sichtbar sind, könnt Ihr die Haube wegnehmen, achtet allerdings darauf, dass die feinen Blättchen nicht austrocknen und besprüht sie ggf. mit frischem Wasser. Die richtige Feuchtigkeit zwischen Schimmel und Vertrocknen zu finden, kann anfangs etwas Übung erfordern, mit der Zeit entwickelt Ihr aber das nötige Fingerspitzengefühl. Also nicht traurig sein, wenn's beim ersten Mal noch nicht perfekt klappt, son-

dern einfach noch mal probieren. Da Grünsprossen sehr schnell wachsen, könnt Ihr sicher bald ernten.

Keine Besonderheiten beim Saatgut

Zur Anzucht könnt Ihr handelsübliches Saatgut benutzen. Es eignen sich fast alle Blattgemüse, wie z. B. Kresse, Rauke, Kohl, Rote Bete oder Senf.

1. Leckere Grünsprossen-Vielfalt: Kresse, Weizengras und Sonnenblumen.

2. Diese Erbsen standen etwas zu feucht und schlecht belüftet, daher schimmeln sie leider.

3. Auch für Grünsprossen eignen sich Einmachgläser und flache Schalen als Mini-Gewächshäuser.

4. Man kommt mit wenigen Utensilien wie Schälchen, Gefrierbeuteln, Watte und Anzuchterde aus.

1

1. Die hier zu sehenden feinen Wurzelhärchen von Schimmel zu unterscheiden kann schwierig sein. Oft hilft ein Geruchstest, ob die Sprossen muffig riechen.

2. Auch eine Abdeckung aus Papier oder Pappe kann die Saat vor Austrocknung schützen.

3. Erntefertige Grünsprossen einfach mit einer sauberen Schere abschneiden und gleich verarbeiten.

2

In Bio-Märkten und Gartencentern findet Ihr mittlerweile sogar Packungen mit größeren Samenmengen extra für Microgreens.

Fertigsets – praktisch oder blöd?

Seit einiger Zeit gibt es verschiedene Fertigsets mit Anzuchtschalen und Saatgut-Pads aus Naturmaterial. Sie enthalten eine Art Docht, über die sich die Pflänzchen selbst bewässern. Da die Produkte schön aussehen, total pflegeleicht sind und direkt auf dem Tisch stehen können, sind sie für die Designaffinen unter Euch tatsächlich empfehlenswert – auch wegen der interessanten Sortenauswahl. Insgesamt sind Fertiglösungen allerdings deutlich teurer als die DIY-Variante.

ERNTEN UND VERWENDEN

Ähnlich wie Keimsprossen eignen sich Microgreens als frische Ergänzung für alles Mögliche. Salaten, Sandwiches, aber auch Suppen oder Bowls verleihen sie das gewisse Etwas und man erhöht schnell und einfach die Aufnahme wichtiger Nähr- und Ballaststoffe. Weiter sind sie eine tolle Zutat für alle Arten von Smoothies oder können, wie z. B. Weizengras, sogar entsaftet werden. Bei Keimsprossen wird die Pflanzenentwicklung nach kurzer Zeit unterbrochen, die Microgreens wachsen noch etwas weiter und es werden nur die Blättchen geerntet.

3

Ich kultiviere Grünsprossen gerne als „gesunde Versuchung" direkt auf dem Esstisch.

Da sie abgeschnitten und vom Samen (als Energiereservoir) getrennt werden, können Grünsprossen, im Gegensatz zu Keimsprossen, auch nicht gelagert werden. Sobald ein Erntezyklus begonnen hat, den Rest der Aussaat möglichst innerhalb weniger Tage verbrauchen, denn die offenen Schnittstellen sind anfällig für Bakterien. Wenn Ihr laufend aussät, habt Ihr immer knackiges, frisches Grün, das Ihr nach Bedarf ernten könnt.

Grünsprossen schneiden

Sobald sich aus den Samen das erste Blattpaar – das man Keimblätter nennt – komplett entwickelt hat, könnt Ihr ernten. Das Prinzip kennt Ihr wahrscheinlich vom Klassiker Kresse: Einfach ein Büschel mit der einen Hand festhalten und am Stielansatz mit einer Schere abschneiden. Gut zu wissen: die Keimblätter unterscheiden sich sowohl in der

Form als auch im Geschmack von den späteren Blättern der Pflanze. Sie schmecken u. a. etwas schärfer oder aber milder. Wenn alles geerntet wurde, die Wurzel- und Stängelreste entsorgen.

Microgreens abpflücken

Die nun schon etwas größeren Sämlinge könnt Ihr komplett abschneiden oder blattweise vorsichtig abknipsen. Pflücken hat den Vorteil, dass das Grün ggf. nachwächst. Auch hier immer nach Bedarf ernten und direkt verbrauchen, da sie sich nicht lange lagern lassen. Für den Anbau von Microgreens ist eine Anzucht in etwas Erde sinnvoll, da zum Ausbilden richtiger Blättchen doch eine gewisse Menge an Nährstoffen benötigt wird. Besonders gerne mag ich Erbsensprossen: sie wachsen schnell, sind ein köstlicher Brotbelag und nach der ersten Ernte wachsen sie problemlos nochmal nach.

MICROGREENS & GRÜNSPROSSEN

BROKKOLI
— *Brassica oleracea* var. *italica*

PFLANZE Er enthält neben Vitaminen und Mineralien vergleichsweise viel Sulforaphan (Senföl), dem eine Krebsvorbeugende Wirkung zugeschrieben wird. Eine Handvoll Keimsprossen entspricht dabei ca. 1,5 kg Gemüse-Brokkoli.

GESCHMACK & VERWENDUNG Die Sprossen schmecken mild und würzig. Am besten roh verzehren, da das wertvolle Sulforaphan nicht hitzebeständig ist.

KEIMUNG Brokkoli-Sprossen sind meist nach 7 bis 14 Tagen erntereif. Auch für Keimsprossen geeignet.

ERBSE
— *Pisum sativum*

PFLANZE Nicht nur die Schoten, sondern auch die Ranken der Erbse sind essbar. Reich an Eiweiß und Silizium.

GESCHMACK & VERWENDUNG Die Sprossen schmecken nussig-süß und ähnlich wie die Erbsen. Man kann sie roh verwenden, aber auch in Pfannengerichten mitdünsten.

KEIMUNG Immer auf Erde anbauen, da sie mehr Nährstoffe brauchen als andere Keimlinge. Ernten nach ca. 15 Tagen, sobald die Sprossen ca. 7 bis 10 cm lang sind. Die Pflanzen können danach indoor weiterkultiviert werden.

KRESSE
— *Lepidium sativum*

PFLANZE Die Gartenkresse wird im Beet 40 bis 80 cm groß, wir kultivieren sie aber hauptsächlich als Sprossen.

GESCHMACK & VERWENDUNG Scharf und pikant im Geschmack. Kresse ist ein vielseitiges Topping für Brote, Salate oder Suppen.

KEIMUNG Die schleimbildenden Samen am besten nicht einweichen, sondern direkt säen. Kresse ist nach 6 bis 10 Tagen erntereif, Ihr könnt sie aber auch noch etwas weiterwachsen lassen.

RETTICH
— *Raphanus sativus*

PFLANZE Es gibt verschiedene Sorten in Grün und attraktiven Rot- und Lilatönen sowie mit unterschiedlichen Blattgrößen. Sie sind reich an Vitamin C und Eiweiß.

GESCHMACK & VERWENDUNG Mit den scharfen und würzigen Microgreens kann man viele geschmacklich neutrale Gerichte aufpeppen.

KEIMUNG Rettich wächst recht schnell, und die Microgreens sind meist nach 7 bis 14 Tagen erntereif. Kann auch als Keimsprossen gezogen werden.

SONNENBLUME
— *Helianthus annuus*

PFLANZE Die Sprossen sind dick und knackig, enthalten viel Eiweiß, Mineralien und Vitamine.

GESCHMACK & VERWENDUNG Aromatisch und nussig im Geschmack. Die Microgreens schmecken roh, aber auch mitgebraten und eignen sich hervorragend für Smoothies.

KEIMUNG Für Microgreens sind Kerne mit schwarzer Schale am besten. Diese unbedingt gut einweichen. Nach 8 bis 12 Tagen schneiden. Geschälte Kerne können auch als Keimsprossen angebaut werden.

WEIZENGRAS
— *Triticum aestivum*

PFLANZE Weizengras ist die grüne Weizenpflanze, bevor sie ihre typischen Ähren ausbildet. Es enthält viel Lutein, das gut für die Augen sein soll.

GESCHMACK & VERWENDUNG Kann gut entsaftet werden, klappt jedoch meist nur in einem Slow Juicer, da Zentrifugen-Entsafter durch die Fasern schnell verstopfen. Auch gut für Smoothies. Keimsprossen sind toll im Müsli.

KEIMUNG Ernte nach 2 bis 4 Wochen, wenn die Halme ca. 10 cm hoch sind. Auch Anbau als Keimsprossen möglich.

SALATE & GEMÜSE

WASSERSPINAT (IPOMOEA AQUATICA)

Auch mein aus Asien stammendes Lieblingsgemüse eignet sich zum Anbau in der Wohnung. Anders als echter Spinat benötigt er relativ viel Licht, Wasser und Nährstoffe, ist aber ausgesprochen pflegeleicht.

Lust auf Gemüse

Essbare Pflanzen in der Wohnung anzubauen ist in vielen Details anders als im Gartenbeet, macht aber mindestens genauso Spaß. Mit den richtigen Kulturen könnt Ihr sogar mal Freunde zum Indoor-Menü einladen.

GEMÜSE NACHHALTIG NUTZEN

Von vielen Gemüsearten verwenden wir traditionell nur bestimmte Pflanzenteile. Bei Möhren essen wir z. B. vorwiegend die Wurzeln und werfen das Kraut weg, obwohl man aus ihm ein köstliches Pesto zubereiten könnte. Über dieses Phänomen habe ich mich im Garten schon immer gewundert, beim Indoor-Anbau lohnt es sich, dieses schlummernde Potenzial zu nutzen und alle essbaren Teile der Pflanzen zu verwenden.

INDOOR-GARTEN: KLEIN ABER FEIN

Da die Anbaufläche im Zimmer meist deutlich kleiner ausfällt als im Garten oder auf dem Balkon, eignen sich relativ schnell wachsende Pflanzen am besten. So können wir ohne lange Wartezeiten regelmäßig ernten und auf kleinem Raum trotzdem eine große Vielfalt unterschiedlicher Arten und Sorten ausprobieren. Um die Stellfläche optimal auszunutzen und den Ertrag zu erhöhen, ist ein Pflanzregal mit mehreren Etagen empfehlenswert. Hier nochmal zur Erinnerung: Es geht beim Indoor-Anbau nicht um Selbstversorgung, sondern um den Spaß, unterschiedlichen Pflanzen beim Wachsen zuzusehen und alles so frisch zu verwerten, dass die Ernte direkt in der Pfanne oder auf dem Teller landet.

VORTEILE VON INDOOR-GEMÜSE

Salate und Gemüse im Zimmer anzubauen hat nicht nur seine besonderen Herausforderungen, sondern auch ein paar Vorteile gegenüber der Kultur im Freien. Ich hoffe es motiviert Euch, wenn ich sie hier zusammenfasse:

– Die Regeln der Mischkultur und Fruchtfolge zu verstehen, kann anfangs ganz schön schwierig sein. Da Ihr in der Wohnung die meisten Arten in separaten Töpfen oder Pflanzschalen anbauen werdet, braucht Ihr Euch um diese Themen keine Gedanken zu machen. In getrennten Gefäßen kommen sich unterschiedliche Kulturen nicht in die Quere, es entsteht keine Konkurrenz um Nährstoffe und Ihr könnt die Arten jeweils bedarfsgerecht düngen oder ihn bei nitratspeichernden Pflanzen sogar komplett weglassen.

– In der Wohnung gibt es nur eine Handvoll natürlicher Feinde (die leider trotzdem nervig werden können), während es draußen Schnecken gibt und viele Pflanzen noch eigene Schädlinge haben (z. B. die Möhre die Möhrenfliege), die etwas von der Ernte abhaben wollen.

– Zum Start eines Indoor-Gartens braucht man nicht viel Erde, deshalb ist es auch nicht tragisch oder teuer, das Substrat nach einigen Wachstumszyklen oder bei Schädlingsbefall auszutauschten.

Einfach, schnell und appetitlich

Wenn Ihr Euch zwischen verschiedenen Kulturen entscheiden müsst, nehmt immer das, was Euch am besten schmeckt, da die Vorfreude auf die Ernte indirekt das Gelingen beeinflussen kann.

WELCHE PFLANZENTEILE ESSEN WIR EIGENTLICH?

Wir teilen Gemüse, je nachdem welche Pflanzenteile hauptsächlich genutzt werden, grob in drei Gruppen: Blatt-, Wurzel- / Knollen- und Frucht-gemüse. Hier zum Verständnis noch ein kleiner Exkurs in die Biologie: Alle Pflanzen haben Blätter, die Chlorophyll enthalten und über ihre Spaltöffnungen CO_2 aufnehmen. Da das für die Photosynthese und damit das Überleben absolut notwendig ist, wachsen Blätter gleich zu Beginn. Wurzeln dienen Pflanzen zur Verankerung im Boden, zur Aufnahme von Wasser und Nährsalzen – manche Arten nutzen sie auch als Speicherorgane. Bei jungen Sämlingen sind sie ganz zart, können sich aber mit der Zeit zu dicken Möhren oder dichten Geflechten entwickeln. Die Blüten, und in Folge die Früchte mit den Samen, dienen der Fortpflanzung. Sie erscheinen erst gegen Ende der Kulturdauer, denn sie sollen nach dem Absterben der Mutterpflanze das Weiterbestehen der Art sichern. So erklärt sich, warum Blattgemüse oft schon nach wenigen Wochen erntereif sind, wir auf reife Früchte, wie z. B. Tomaten, aber oft mehrere Monate warten müssen. Auch interessant: Ausnahmen bei dieser Klassifizierung bilden Brokkoli und Blumenkohl, deren Frucht eigentlich eine Blüte im Knospenstadium ist.

GEMÜSE FÜR DEN INDOOR-GARTEN

ESSBARE BLÄTTER

— Kohlrabi

— Möhren

— Pastinaken

— Radieschen

— Rettich

— Rote / Gelbe Bete

WÄCHST SCHNELL

— Salate

— Pak Choi

— Mangold

— Spinat

WÄCHST LANGSAM

— Wurzelgemüse

— Erbsen

— Buschbohnen

— essbare Blüten

— Süßkartoffel

WÄCHST SEHR LANGSAM

— Tomaten

— Paprika

— Chili

— Aubergine

— Kohlköpfe

1. Informiert am besten alle Mitbewohner, welche Pflanzen und Pflanzenteile essbar sind, damit nicht versehentlich z. B. diese kleine Tomatenpflanze im Salat landet.

2. Der Indoor-Garten macht auch optisch was her, wenn man mehrere Töpfe gleicher Größe vielfältig bepflanzt.

Pflanzliche Inhaltsstoffe berücksichtigen

Von einigen Pflanzen sind nur bestimmte Teile essbar! Bei Nachtschattengewächsen, wie Kartoffeln oder Tomaten, enthalten die grünen Teile – also auch die Blätter – giftiges Solanin. Schlagt also die Essbarkeit einzelner Pflanzen(-teile) im Zweifelsfall vor dem Verzehr nach. Oft hängt die Verträglichkeit von Pflanzen übrigens auch von der Verarbeitung ab. Während Erbsen auch roh gegessen werden können, müssen andere Hülsenfrüchte, allen voran Bohnen, immer gekocht werden, um den giftigen, aber nicht hitzebeständigen Stoff Phasin zu beseitigen. Bei Kichererbsen und Linsen reicht ggf. auch blanchieren.

STARS IM INDOOR-GARTEN

Für Draußen empfehle ich gerne einige unkomplizierte Pflanzenarten, die schnell und ohne Probleme wachsen, wenig Pflege brauchen und kaum anfällig für Schädlinge oder Krankheiten sind. Diese Empfehlungen gelten jedoch nicht uneingeschränkt für drinnen, da einige Gemüsearten wie z. B. Zucchini sehr viel Platz benötigen.

Kriterien für Indoor-Gemüse sind: schnelles Wachstum und dadurch eine kurze Kulturzeit, geringer Platzbedarf, Robustheit sowie ein besonderer Geschmack. Eine geringe Lagerfähigkeit kann ebenso für den Indoor-Anbau sprechen, da man immer nach Bedarf ernten kann.

VERSETZTE AUSSAATEN

Sät am besten nicht die komplette Anbaumenge auf einmal, sondern alle paar Wochen neu. Dadurch entsteht ein Zyklus, in dem Ihr fortlaufend etwas ernten könnt.

Probiert für große Vielfalt auf dem Teller unbedingt eine Asia-Salat-Mischung aus.

Wenn dann noch alle Pflanzenteile essbar sind, habt Ihr Favoriten für drinnen gefunden – bei mir ist es unter anderem mein Allzeit-Lieblingsgemüse, der Wasserspinat.

WELCHE GEMÜSE SIND EINFACH?

Am einfachsten ist es, unterschiedliche Salate und Blattgemüse zu kultivieren, da sie schnell wachsen und viele von ihnen vergleichsweise wenig Licht brauchen. Weiterer Pluspunkt: Sie wurzeln flach und benötigen daher keine riesigen Töpfe. Neben Mangold, Spinat und Salaten könnt Ihr aber auch einige Pflanzen anbauen, die eigentlich als Wurzelgemüse gelten, und deren ober- und unterirdische Teile komplett ernten. Super klappt das bei Radieschen, die schon nach wenigen Wochen im Salat landen und dabei gut schmecken und hübsch aussehen. Auch Rote Bete eignet sich, bei der es sogar Sorten

gibt, die eher kleine Knollen mit besonders wohlschmeckenden Blättern produzieren. Wahrscheinlich werdet Ihr viele Arten in einem jüngeren Stadium ernten, als Ihr sie aus dem Supermarkt kennt. Kleine Salatblätter schmecken besonders zart und wachsen schnell immer wieder nach.

Willst Du mich verkohlen?

Damit es nicht langweilig wird, kann man sogar einige Kohlarten ausprobieren. Besonders empfehlenswert sind Pak Choi oder Grünkohl, denn sie lassen sich gut blattweise ernten. Und Grünkohl braucht entgegen der landläufigen Meinung keinen Frost, um gut zu schmecken. Wenn Ihr möchtet, könnt Ihr Euch auch an großen Kohlsorten wie Rotkohl versuchen – wartet nur nicht auf einen fertigen Kohlkopf, der mehrere Monate brauchen würde um zu wachsen und dafür ca. einen halben

1. Dass im Zimmer auch Bohnen gedeihen, hat mich freudig überrascht. Vor dem Verzehr aber unbedingt längere Zeit erhitzen und die Blätter der Pflanzen nicht mitessen.

2. Diese Radieschen im Mini-Stadium können komplett in der Salatschüssel landen.

Quadratmeter Beetfläche benötigt. Pflückt lieber von außen immer wieder einzelne Blätter, die in Streifen geschnitten super in Salaten oder Bowls sind. Noch ein Hinweis: Alle Kohlarten brauchen sehr viele Nährstoffe – also in einem separaten Topf oder Kübel anbauen und regelmäßig düngen.

Grün sind alle meine Farben

Eure Indoor-Farm wird wahrscheinlich nicht so bunt wie eine Mischkultur im Gemüsegarten – das macht aber nichts. Die Natur hat so viele verschiedene Grüntöne auf Lager, dass sie Euch auch in diesem begrenzten Farbspektrum bestimmt das ein oder andere Mal zum Staunen bringen wird. Zudem gibt es viele Sorten mit interessanten Blattmustern und -strukturen, einige sogar in zauberhaften Rot-, Purpur- und Lilatönen. Manche Gemüsesorten, wie roter Radicchio oder lila Grünkohl, benötigen je-

doch besondere Bedingungen (z. B. Kälteeinwirkung oder starke Sonneneinstrahlung), um die spezielle Blattfärbung zu entwickeln. Essbar sind sie aber auch ohne diese optischen Hingucker.

Geduld haben

Mein wichtigster Rat: Erwartet keine Salat-Schwemme innerhalb der ersten Woche. Von der Aussaat bis zur ersten Ernte vergehen ca. 3 bis 4 Wochen. Die Warterei fällt übrigens auch vielen Anfängern im Garten schwer, wobei man dort nicht so sehr dazu neigt, jedes einzelne Pflänzchen genau zu beobachten, da größere Beete mehr Platz bieten. Die Natur braucht ihre Zeit, freut Euch bis zur Ernte am Gedanken, dass aus einem winzigen Samenkorn, etwas Licht, Wasser, Nährstoffen und CO_2 innerhalb einiger Wochen eine frische und sättigende Mahlzeit wachsen kann.

Eine herkömmliche Küchenetagere kann man leicht in eine bunte Salaltbar verwandeln.

BALKONKASTEN VERSCHÖNERN UND BEPFLANZEN

Balkonkästen aus Metall oder Kunststoff eignen sich durch ihre schmale Form gut als Pflanzgefäß für ein helles Fensterbrett.

1.
Einen neutralen Blumenkasten könnt Ihr nach Eurem persönlichen Geschmack lackieren oder bekleben. Innen aber unbehandelt lassen, damit keine Schadstoffe ins Substrat gelangen.

2.
Ich mag gerne Tafellack, aber auch mattes Acrylspray, da sie sich leicht verarbeiten lassen, schnell trocknen und auf fast allen Oberflächen haften. Mit Tape und Kreidestiften kann man zusätzlich gestalten.

3.
Damit keine Staunässe entsteht, unten eine Schicht Blähton einfüllen oder alternativ einige Löcher in den Boden machen und mit einen passenden Untersetzer als Tropfschutz benutzen.

4.
Nun mit vorgezogenen Setzlingen bepflanzen oder direkt aussäen (Sorten, die Staunässe vertragen, verwenden!). Den verschönerten Blumenkasten in der Küche oder einem Wohnraum auf ein helles Fensterbrett stellen.

5.
Der Vorteil von Tafellack: Ihr könnt auf dem Kasten mit Kreidestift notieren, was Ihr ausgesät habt – und die Beschriftung immer wieder erneuern.

EINFACHES GEMÜSE

ROTE BETE
— *Beta vulgaris* var. *vulgaris*

ANBAU & PFLEGE Die Verwandte des Mangolds ist ein ebenso pflegeleichter Mittelzehrer. Beim Anbau im Haus empfiehlt sich vor allem die Blatternte. Die Blätter aller Sorten sind essbar, besonders empfehlenswert ist 'Bulls Blood'. Sogar Knollen zu ziehen kann in einem großen Topf mit Geduld klappen, probiert es einfach mal aus!

ERNTE & VERWENDUNG Blattweise von außen ernten und immer wieder nachwachsen lassen. Zarte Blätter roh zum Salat geben, ältere wie Spinat zubereiten. Knollen ernten, wenn sie Golfball-Größe haben.

MANGOLD
— *Beta vulgaris* var. *cicla*

ANBAU & PFLEGE Mangold hat einen mittleren Nährstoff- und Wasserbedarf, ist robust, wenig anfällig für Schädlinge und kommt auch mit verhältnismäßig wenig Licht zurecht. Ein ideales Indoor-Gemüse. Die Aussaat ist unkompliziert, einfach kleine Jungpflanzen mit etwas Abstand eintopfen, damit sie genug Platz haben, um groß und stark zu werden.

ERNTE & VERWENDUNG Am besten von außen immer blattweise ernten, so wächst die Pflanze ständig wieder nach. Junge Blätter eignen sich roh für Salate, ältere Exemplare in Streifen schneiden und dünsten oder braten.

MALABAR-SPINAT
— *Basella alba*

ANBAU & PFLEGE Die aus den Tropen stammende Pflanze ist total unkompliziert und sehr schädlingsresistent. In kleinen Töpfchen aussäen und gelegentlich gießen. Die Pflanze freut sich über eine Rankhilfe, um die sie sich hübsch herumwindet. Alle paar Wochen etwas düngen.

ERNTE & VERWENDUNG Die fleischigen Blätter einzeln ernten oder die Triebspitzen abknipsen. Sie schmecken leicht säuerlich und sind lecker im Salat oder auch gedünstet. Beim Kochen sondern die Blätter etwas zähen Saft ab, mit dem man Pfannengerichte gut andicken kann.

PAK CHOI
— *Brassica rapa* ssp. *chinensis*

ANBAU & PFLEGE Er kommt ursprünglich aus Asien und benötigt als Kohlart vergleichsweise viele Nährstoffe. Indoor dennoch nur ein- bis zweimal in der Wachstumszeit sparsam düngen, um Nitrateinlagerung zu vermeiden. Problemlos bei der Aussaat; sobald drei bis vier Blättchen gewachsen sind, pikieren und mit genug Platz einpflanzen.

ERNTE & VERWENDUNG Blattweise pflücken und im Salat essen oder nach einigen Wochen die ganze Pflanze ernten und z. B. mit Tofu, asiatischen Kräutern und Sojasauce anbraten und zu Reis oder Reisnudeln servieren.

PFLÜCKSALAT
— *Lactuca sativa*

ANBAU & PFLEGE Feines Saatgut nicht zu dicht in einen Topf oder eine Schale mit magerer Anzuchterde säen und nur dünn mit Substrat bedecken (Lichtkeimer). Die Pflanzen brauchen regelmäßig Wasser, aber nur sehr wenige Nährstoffe und daher keinen Dünger. Toll ist eine „Salatbar" in der Küche mit einer Sorten-Mischung aus Salaten mit hellen, dunklen, grünen, roten, glatten und krausen Blättern.

ERNTE & VERWENDUNG Bei Bedarf blattweise ernten und gleich verarbeiten, da Pflücksalat sehr schnell welk wird. Sehr praktisch also, wenn er in der Küche wächst.

ZUCKERERBSE
— *Pisum sativum*

ANBAU & PFLEGE Einmal abgeerntete Erbsensprossen können in einem großen Topf zu kompletten Pflanzen heranwachsen und sogar Blüten und Schoten bilden. Als Schwachzehrer und Stickstoffsammler (aus der Luft) benötigen sie keinen Dünger, aber eine Kletterhilfe, z. B. Bambusstäbe. Zu lange Ranken kürzen, dann verzweigen sie sich.

ERNTE & VERWENDUNG Junge Schoten z. B. für Gemüsepfannen oder aus reifen Hülsen gepult direkt essen. Durch regelmäßiges Ernten bilden sich laufend neue Blüten. Erbsengrün ist essbar.

Für Experimentierfreudige

Wenn Ihr mit der Zeit schon etwas Erfahrung gesammelt habt und Lust bekommt, noch mehr auszuprobieren, könnt Ihr Euch auch an eher langsam wachsende Arten und Fruchtgemüse wagen.

VIELES IST MÖGLICH, PROBIERT ES AUS!

Plant bei Experimenten ein, dass Ihr Flächen im Indoor-Garten ggf. längere Zeit belegt und Ihr vielleicht auch gegen Schädlinge oder Krankheiten vorgehen müsst, denn je länger die Kulturdauer einer Pflanze, desto größer ist die Gefahr, dass irgendwann im Verlauf Problemchen auftreten. Prinzipiell könnt Ihr aber alles in der Wohnung anpflanzen, was im Gewächshaus angebaut oder normalerweise im Haus überwintert wird, wie z. B. Chili.

ZIMMER-TOMATEN

Im Frühling gibt es in vielen Gartencentern bereits recht weit vorkultivierte Exemplare, die oft schon erste Fruchtansätze oder manchmal sogar rote Früchte tragen. Ihr könnt sie problemlos in der Küche weiterpflegen und dann bei Bedarf ernten. Ist echt keine Schande – viele Leute kaufen diese Pflanzen auch für Garten und Balkon, und Ihr habt jedes Recht, es Euch so leicht wie möglich zu machen. Tomaten kann man aber auch sehr gut selbst aussäen, da sie problemlos keimen. Wählt Sorten, deren Pflanzen möglichst klein bleiben, wie 'Vilma', 'Primabell' oder 'Balkonstar'. Für gutes Wachstum sollten die Jungpflanzen kühl und wirklich sehr hell stehen, da sie sonst lang und dünn wachsen. Falls Eure Wohnung sehr dunkel ist, mit einer Wachstumslampe nachhelfen.

Möhren vom Fensterbrett

Sogar Möhren könnt Ihr in der Wohnung anbauen. Sie wachsen ganz gut im Topf, wenn Ihr sie nicht zu dicht sät, eine eher kurze Sorte wählt und immer auf ausreichende Bewässerung achtet, da Karotten sehr empfindlich gegenüber Trockenheitsstress sind. Bis sich aus den Samen fertige Möhren entwickeln, dauert es allerdings einige Monate. Wenn Ihr irgendwann erntet, denkt dran, auch das Möhrengrün zu verwenden und verarbeitet es z. B. zu einem Pesto.

1

GEMÜSE-EXPERIMENTE

Bohnen

Chili

Gurken

Möhren

Tomaten

2

Gurken und Bohnen als Fensterdeko

Rankende Pflanzen wie Snackgurken oder Stangenbohnen könnt Ihr als natürliche Fensterdeko kultivieren, indem Ihr sie um den Rahmen herumleitet. Dadurch bekommen die Pflanzen genug Licht zum Wachsen und Ihr verschönert langweilige Fenster mit einer Art grünem Vorhang.

BESTÄUBUNG IM ZIMMER

Da im Zimmer (hoffentlich) keine Bienen oder andere bestäubende Insekten vorhanden sind, müsst Ihr bei den Fruchtgemüsen ggf. etwas nachhelfen. Manchmal reicht es schon aus, die Pflänzchen während der Blüte etwas zu schütteln. Eventuell ist bei Tomaten oder Chilis zusätzliche mechanische Unterstützung notwendig. Dazu streicht Ihr mit einem Wattestäbchen sanft über die Blüten und verteilt so den Pollen.

DAS SOLLTET IHR LASSEN

Was in der Wohnung wirklich keinen Sinn macht sind Arten, die eine sehr lange Kulturdauer haben und dabei noch viel Platz benötigen, wie z. B. Kartoffeln, Zucchini, Kürbis oder Mais – außer Ihr habt ein extra Zimmer, eine große ungenutzte Abstellkammer oder einen trockenen Keller und eine Menge professioneller Pflanzenlampen.

1. So üppig tragen Tomaten nur an einem sehr hellen Südfenster oder mit Hilfe einer guten Zusatzbeleuchtung.

2. Viele Arten, wie diese Möhren 'Pariser Markt' bleiben im Zimmer kleiner, schmecken aber trotzdem.

Nachwachsendes Gemüse

Was macht Sinn?

Seit einiger Zeit entwickelt sich das Nachwachsenlassen von Gemüseresten zum großen Trend. Ganze Bücher suggerieren mittlerweile, man könnte aus Küchenabfällen komplette Mahlzeiten ernten. Diese Anleitungen werden häufig mit Fotos bebildert, bei denen man bemerkt – wenn man genau hinsieht und sowas schon mal ausprobiert hat –, dass vieles davon Humbug ist und das Gemüse nur fürs Foto zurechtgestutzt wurde – was mich ehrlich gesagt etwas ärgert.

EWIGER SALAT
Einige Salatarten wachsen tatsächlich wieder nach, wenn man das Herz intakt lässt. Dieses Prinzip nutzen wir schon bei der blattweisen Ernte. Probiert es einfach mal aus und nehmt dafür einen Salat, bei dem Ihr nur die Blätter außen herum aberntet und die inneren stehen lasst. Verwendet eine möglichst knackige Sorte wie 'Romana' und stellt den abgeschnittenen Strunk in ein Glas mit 2 bis 3 cm Wasser. Wechselt das Wasser bitte unbedingt jeden Tag, da die Salatreste sonst sehr schnell faulen können. Falls sich nach ein paar Tagen erste Wurzeln entwickelt haben, könnt Ihr den Strunk in einen Blumentopf umpflanzen.

WURZELN ALS ERFOLGSFAKTOR
Die Chance, dass etwas nachwächst, ist besonders groß, wenn die Pflanzen noch Wurzeln oder Wurzelansätze besitzen, wie z. B. Lauch und Frühlingszwiebeln, die innerhalb weniger Tage meist ein ganzes Stück nachwachsen. Neuerdings gibt es auch Salate, die mit Wurzelballen verkauft werden, da sie dadurch etwas länger frisch bleiben und sich somit die Lagerfähigkeit erhöht. Ich kaufe sie sehr gerne, ernte ca. vier Fünftel der Blätter und pflanze den Ballen ein.

WAS IST QUATSCH?
Möhren, Pastinaken & Co, die wir ja hauptsächlich wegen der schmackhaften Wurzeln anbauen, würde ich nicht nachwachsen lassen. Zwar sprießen aus den Abschnitten eventuell nach einiger Zeit neue Blättchen, es wäre aber effektiver, einfach einige Möhren oder anderes Wurzelgemüse auszusäen und von diesen das Grün zu ernten, sobald es groß genug ist.

KERNKRAFT
Sehr spannend ist das Ziehen neuer Pflanzen aus Kernen, wie z. B. Avocado- oder Mango-Bäumchen. Die Entwicklung zu beobachten macht großen Spaß und oft entstehen hübsche Zimmerpflanzen (S. 102/103). Seid Euch nur bewusst, dass dabei oft sterile Pflanzen entstehen und keine Ernte zu erwarten ist oder die späteren Früchte nicht unbedingt alle Eigenschaften der Mutterpflanze mitbringen.

STECKLINGE & CO
Recht erfolgversprechend ist es, Reste von Kräutern bewurzeln zu lassen und neu einzupflanzen. Das würde ich jedoch nicht als Nachwachsen bzw. Regrowing bezeichnen, sondern als klassische Stecklingsvermehrung (S. 83).

FRÜHLINGSZWIEBELN EINFACH NACHWACHSEN LASSEN

Frühlingzwiebeln und Lauch werden mit Wurzeln verkauft und wachsen wirklich schnell und unkompliziert nach.

1.
Ihr braucht Gemüse mit Wurzelansatz wie Frühlingszwiebeln oder Lauch, ein scharfes Messer und ein Trinkglas.

2.
Die Frühlingszwiebeln ca. 4 bis 5 cm über dem Wurzelansatz sauber abschneiden.

3.
Zwiebelreste ins Glas stellen und mit frischem Wasser auffüllen, das Ihr konsequent täglich wechselt.

4.
Schon nach 1 bis 2 Tagen sind die Abschnitte der Frühlingszwiebel einige Zentimeter weiter gewachsen.

5.
Ihr könnt die Zwiebeln nun weiter nachwachsen lassen und bei Bedarf regelmäßig einige Zentimeter ernten.

SPEISE-PILZE

Anbauen und pflegen

Mir macht es riesigen Spaß Pilze anzubauen, weil man nicht nur außergewöhnliche Sorten ernten kann, sondern nebenbei viel über ihre Lebensweise lernt.

WAS SIND PILZE?

Interessanterweise stehen Pilze zwischen Tier- und Pflanzenreich. Zwar sind sie ortsgebunden wie Pflanzen, sie betreiben jedoch keine Photosynthese. Sie ernähren sich daher, ähnlich wie Tiere, von organischen Substanzen, nehmen diese aber in gelöster Form aus der Umgebung auf.

Da Pilze kein Chlorophyll enthalten, benötigen sie also für den Stoffwechsel nicht unbedingt Licht – sehr praktisch fürs Indoor-Gärtnern. Sie können ganz unterschiedliche Formen annehmen, wobei das unterirdische Myzel häufig sehr viel größer ist als die oberirdischen Fruchtkörper, die wir ernten und essen. Unsere bekannten Speisepilze bestehen oft aus Stängel und Hut, der meist durch Röhren oder Lamellen gebildet wird. Einige Arten besitzen eine schwammartige Struktur. Übrigens zählt Hefe, die wir z. B. zum Backen benutzen, ebenso zu den Pilzen. Das wird besonders interessant, wenn man sich mit dem Thema Fermentation beschäftigt – das bekannteste Endprodukt dieses Vorgangs ist wahrscheinlich Sauerkraut, aber auch Joghurt und Käse beruhen auf diesem natürlichen Prozess.

Pilze als Zersetzer (Saprobionten)

Pilze spielen in der Natur eine große Rolle als Zersetzer von organischem Material, wie z. B. Holz. Man unterscheidet dabei Primärzersetzer, die frisches Material abbauen, und Sekundärzersetzer, für die das organische Material vorab durch Bakterien und andere Mikroorganismen aufgeschlossen werden muss – ähnlich wie bei der organischen Düngung von Pflanzen, die nur funktioniert, wenn Nährstoffe vorab von Mikroben zersetzt und verfügbar gemacht werden.

Primärzersetzer: Austernpilze, Seitlinge, Stockschwämmchen etc.

Sekundärzersetzer: z. B. Champignons

Spannende Kreaturen

Pilze werden in der Wahrnehmung oft mit ähnlichen Vorurteilen bedacht wie Insekten. Während wir Schimmel und Spinnen eklig finden, lieben viele von uns Schmetterlinge und freuen sich über Champignons auf der Pizza. Natürlich will ich Euch nicht empfehlen, Schimmel im Kühlschrank zu züchten, aber wenn Ihr Speisepilze zuhause an-

1. Die ersten kleinen Pilz-Fruchtkörper zu sehen, wie hier vom Rosenseitling, kann wirklich zauberhaft sein.

2. Manchmal entstehen auch bizarre, außerirdisch anmutende Gebilde wie hier beim Kräuterseitling.

2

baut, könnt Ihr interessante Arten kennenlernen, die anderweitig nur schwer zu bekommen sind. Wichtig, damit es klappt: Speisepilze benötigen oft sehr unterschiedliche Wachstumsbedingungen. Während die einen kühle Temperaturen brauchen, gedeihen andere nur bei Wärme. Auch Feuchtigkeit und Sauerstoff können von großer Bedeutung sein. Viele Pilze entstehen in zwei Zyklen: Erst durchwächst das Myzel das Substrat bei einer bestimmten Temperatur und Luftfeuchte, danach beginnen die eigentlichen Fruchtkörper (Pilze) zu wachsen. Um diesen Prozess auszulösen, sind oft Veränderungen der Umweltbedingungen, z. B. Sauerstoffzufuhr oder eine Temperaturänderung, notwendig.

WIESO SOLLEN WIR PILZE ANBAUEN?

Pilze sind reich an Eiweiß und Ballaststoffen, enthalten Vitamine und Mineralstoffe und wenig oder kaum Fett. Dadurch zählen essbare Pilze zu den gesündesten Lebensmitteln.
Sie zu sammeln wird immer beliebter, oft ist es aber gar nicht so einfach, genießbare Exemplare von giftigen zu unterscheiden. Kulturpilze sind hier

CHECKLISTE:

WAS IST WICHTIG?

- ☐ Auf Sauberkeit und Hygiene achten, um Schimmel und das Wachstum unerwünschter Bakterien zu vermeiden.
- ☐ Am besten Einmalhandschuhe tragen.
- ☐ Immer frisches Wasser benutzen und Sprühflaschen nach Gebrauch leeren.
- ☐ Pilzbrut sofort nach Erhalt verarbeiten und möglichst nicht lange lagern
- ☐ Werkzeug und Geräte vor Gebrauch reinigen und desinfizieren
- ☐ Substrat und Luftfeuchtigkeit regelmäßig kontrollieren

Fertige Pilzpakete regelmäßig beernten, um Platz für weitere Fruchtkörper-Zyklen zu schaffen

praktisch, weil nur essbare Arten angeboten werden und auf der Packung vermerkt ist, was drinsteckt. Bestimmt hattet Ihr auch schon mal eine vergammelte Champignonpackung im Gemüsefach. Da Pilze nur bedingt lagerfähig sind, lohnt sich der Anbau – denn sie schmecken frisch wirklich viel besser!

Pilzzucht hat einen hohen Spaßfaktor, und auch für Kinder kann es total spannend sein, zu beobachten, wie sich das Volumen der Fruchtkörper innerhalb einer Nacht z. B. verdreifacht. Manchmal mit dem Effekt, dass man kurzfristig viele gute Pilzrezepte braucht.

SO KLAPPT DIE EIGENE PILZANZUCHT

Es gibt zwei grundlegend verschiedene Methoden. Einerseits Sets nach dem Fertiggericht-Prinzip, bei denen das Substrat bereits mit Pilzbrut beimpft und vom Myzel durchwachsen ist. Ihr müsst es nur noch durchfeuchten, bei der richtigen Temperatur und Luftfeuchte lagern und abwarten, bis die ersten Pilze wachsen. Empfehlenswert ist es, damit sofort nach Erhalt zu starten, da die Packungen nur eine begrenzte Haltbarkeit haben.

Alternativ gibt es Pilzbrut (z. B. auf Getreidekörnern) und passendes Substrat, die man selbst miteinander vermischen muss. In der ersten Phase besiedelt das Myzel das Substrat, und erst in der zweiten Phase, die oft mit einem Temperaturwechsel verbunden ist, erscheinen die Fruchtkörper. Nehmt beim ersten Mal fertige Anzuchtsets, das erleichtert den Anbau und verkürzt vor allem die Wartezeit. Meistens liegt eine detaillierte Anleitung bei, an die Ihr Euch unbedingt halten solltet.

Ich habe verschiedene Speisepilze angebaut und die besten für Euch ausgewählt (S. 68/69). Ebenso die Champignons, die bei mir super klappen (S. 66/67).

Herausforderungen

Da die Pilzkultur nicht austrocknen darf, müsst Ihr, insbesondere bei trockener Heizungsluft im Winter, auf eine ausreichende Luftfeuchtigkeit achten oder die Pilze in einem Anzuchtgewächshaus bzw. in speziellen Growbags kultivieren. Achtet gleichzeitig auf regelmäßige Belüftung, da viele Arten zum Wachsen auch Sauerstoff benötigen. Damit vermeidet Ihr gleichzeitig Schimmelbildung.

Pilze, die es kühl brauchen, stellt man am besten in den ungeheizten Hausflur oder Keller – solange es dort nicht muffig oder schimmelig ist. Am besten messt Ihr die Temperatur am Aufstellort mit einem Thermometer. Da warme Luft nach oben steigt, ist es beispielsweise in Regalen oben wärmer als am Boden, was wir nicht unbedingt fühlen, aber messen können.

Die meisten Pilze brauchen kein oder kaum Licht. Stellt Pilzkulturen deshalb auf keinen Fall ans helle Fenster, sonst wärmen sie sich zu sehr auf. Falls Ihr versehentlich eine kälteliebende Art, wie Shiitake, im Hochsommer bestellt habt, könnt Ihr das Substrat immer wieder mit kaltem Leitungswasser abkühlen oder sie – noch besser – zusammen mit Kühlakkus in eine Kunststoffkiste oder Kühlbox stellen.

Schädlinge an Pilzkulturen

Neben den erwünschten Speisepilzen kann es bei ungünstigen Verhältnissen von Temperatur, Substrat und Feuchtigkeit zu Schimmel kommen. Die Kultur dann im Zweifelsfall entsorgen, denn Schimmelpilze können gesundheitsschädlich sein! Zum Problem werden Trauermücken, wenn bereits befallene Pflanzen mit im selben Raum stehen. Meist schützt die Pilzkultur eine Abdeckfolie, sonst könnt Ihr vorsorglich eine alte Feinstrumpfhose über das Behältnis ziehen, um Trauermücken an der Eiablage zu hindern. Sollten sie dennoch auftreten, helfen Gelbtafeln (S. 27/28). Achtet wie immer darauf, dass sich die Schädlinge möglichst nicht auf andere Pflanzen ausbreiten.

Ernten und lagern

Anders als im Wald solltet Ihr die reifen Fruchtkörper vorsichtig abdrehen. Während es in der Natur wichtig ist, das Myzel nicht zu schädigen, müssen wir beim Anbau im Haus darauf achten, keine offenen Stellen zu hinterlassen, die Einfallstor für verschiedenste Keime darstellen können. Erntet am besten immer ganze Büschel, da kleine Exemplare beschädigter Pilztrauben oft nicht weiterwachsen. Im Kühlschrank sind viele Arten für einige Tage haltbar. Auch wenn man das aus dem Supermarkt so kennt: packt sie nicht in Plastik, sondern besser in Papiertücher. Ähnlich wie bei Sprossen: muffige oder schimmelige Exemplare bitte keinesfalls essen!

TIPPS FÜR FORTGESCHRITTENE

Wenn Euch das Pilzfieber gepackt hat, könnt Ihr weitere Arten und Anbaumethoden ausprobieren. Am einfachsten sind Primärzersetzer, da das Substrat nicht zusätzlich vorbehandelt werden muss. Im Garten kann man Speisepilze auch auf Strohballen oder passenden Baumstämmen anbauen. Das würde ich Euch in der Wohnung jedoch nicht empfehlen, denn man braucht dafür viel Platz und Geduld. Relativ erfolgversprechend ist eine Mischung aus Sägemehl und Hackschnitzeln, die aufgrund der feinen Struktur relativ schnell vom Myzel durchwachsen werden. Einige Arten lassen sich auf Kaffeesatz züchten, macht das aber nicht als erstes Projekt, da er leicht schimmelt.

1. Das Wachstum von Fruchtkörpern wird meist durch Wasser und Sauerstoff geweckt.

2. Schimmel möglichst vermeiden, da er die Pilzkultur empfindlich schädigen kann

3. Fortgeschrittenen-Set, bei dem das Pilzmyzel das Substrat (hier Kaffeesatz) erst noch durchwachsen muss

1

2

3

CHAMPIGNON-SET: VORBEREITEN, PFLEGEN UND ERNTEN

Champignons sind eine tolle Kultur, um den zweistufigen Anbau auszuprobieren. Wenn man sich exakt an die Anleitung hält, stehen die Chancen zum Ernten sehr gut.

1.
Im Karton befindet sich das durchwachsene Pilzsubstrat sowie angefeuchtete Deckerde, die Ihr auf dem Substrat verteilt. Die Folie wieder verschließen und das Pilzset bei 18 bis 20 °C dunkel lagern.

2.
Nach ca. 10 bis 20 Tagen seht Ihr weiße Myzelfäden an der Oberfläche. Zeit, die beiliegende Lochfolie anzubringen (um eine gute Sauerstoffzufuhr zu gewährleisten) und die Kultur bei ca. 15 °C kühler zu stellen.

3.
Bei ausreichender Luftfeuchte, Sauerstoffzufuhr und kühler Temperatur beginnt nun das Wachstum der eigentlichen Fruchtkörper. Achtung: Steht das Pilzset zu warm, bilden sich keine Pilze!

4.
Tragt zur Pilzpflege Handschuhe, um die Kultur nicht mit Bakterien zu verunreinigen. Bei geringer Luftfeuchte kann es nötig sein, das Substrat zu befeuchten. Nehmt dafür bitte ganz frisches Wasser.

5.
Pilze vorsichtig herausdrehen, bevor sich der Hut komplett geöffnet hat. Im Gegensatz zu anderen Arten könnt Ihr auch einzelne Exemplare ernten.

KLASSIKER

AUSTERNSEITLING
— *Pleurotus ostreatus*

AUSSEHEN Charakteristisch sind die muschelförmigen Fruchtkörper mit 4 bis 10 cm Durchmesser. Austernpilze wachsen büschelweise in mehreren Etagen übereinander. Die Farbe reicht von hellbeige über grau bis braun.

GESCHMACK & VERWENDUNG Der Geschmack erinnert etwas an Kalbfleisch. Durch den hohen Proteingehalt ist der Pilz eine Fleischalternative für Vegetarier. Große Exemplare können als Pilzschnitzel zubereitet werden.

ANBAU & SUBSTRAT Der Anbau auf Fertigsubstrat im Folienbeutel ist relativ einfach. Bereits nach 2 bis 3 Wochen kann zum ersten Mal geerntet werden.

TEMPERATUR & LUFTFEUCHTE Austernpilze haben ein breites Temperaturspektrum von 8 bis 22 °C, wobei 15 °C optimal sind. Unbedingt darauf achten, dass das Substrat nicht austrocknet.

ROSENSEITLING
— *Pleurotus salmoneostramineus*

AUSSEHEN Seiner rosa Farbe verdankt er auch den Namen Flamingopilz. Die Fruchtkörper haben eine samtig-filzige Oberseite und starke Lamellen auf der Unterseite. Die Pilze wachsen büschelig und werden bis zu 10 cm breit.

GESCHMACK & VERWENDUNG Schmeckt kräftiger als andere Seitlinge und ist daher toll als Fleischersatz.

ANBAU & SUBSTRAT Am unkompliziertesten ist fertig durchwachsenes Substrat. Rosenseitlinge wachsen sehr schnell und lassen sich oft schon nach 2 bis 3 Wochen ernten — nach einer Pause können weitere Zyklen folgen.

TEMPERATUR & LUFTFEUCHTE Da die Pilze ursprünglich in den Tropen heimisch sind, gedeihen sie sehr gut bei warmen Temperaturen von bis zu 30 °C, was sie für den Indoor-Anbau zu idealen Anfängerpilzen macht. Am besten ist eine sehr hohe Luftfeuchtigkeit von 90 bis 100 %.

SHIITAKE
— *Lentinula edodes*

AUSSEHEN Braune Hüte mit weißen Sprenkeln stehen auf starken Stielen und erinnern optisch an eine Kreuzung aus Champignon und Fliegenpilz.

GESCHMACK & VERWENDUNG Ein Pilz mit starkem Aroma, das sich durch Trocknung noch intensiviert. Der Geschmack hat starkes „umami". Shiitake ist einer der haltbarsten Pilze und im Kühlschrank mehrere Tage lagerfähig.

ANBAU & SUBSTRAT Fertig durchwachsenes Substrat hat die besten Erfolgsaussichten. Die ggf. vorhandene Verpackungsfolie komplett entfernen. Wenn die Hutränder noch leicht nach unten gewölbt sind, werden alle Pilze auf einmal geerntet, da kleine Exemplare ggf. nicht weiterwachsen. Im Verlauf von 3 bis 4 Monaten drei- bis viermal wiederholbar.

TEMPERATUR & LUFTFEUCHTE Am besten sind kühle Temperaturen von 10 bis 20 °C und ca. 90 % Luftfeuchte.

ZITRONENSEITLING
— *Pleurotus citrinopileatus*

AUSSEHEN Die zartgelben Pilze mit gewölbtem Hut wachsen auf eleganten Stielen in traubenförmigen Gruppen.

GESCHMACK & VERWENDUNG Zitronenseitlinge, auch Limonenseitlinge oder Limonenpilze genannt, haben ein fruchtiges Aroma und schmecken gebraten oder gegrillt, aber auch roh im Salat. Achtung: Ausgewachsene Exemplare sind selbst im Kühlschrank nur 1 bis 2 Tage haltbar.

ANBAU & SUBSTRAT Am einfachsten klappt es als Fertigkultur im Folienbeutel. Die ersten Pilze erscheinen nach 4 bis 6 Wochen. Fortgeschrittene Pilzzüchter können auch Körnerbrut auf Strohpellets kultivieren. Zitronenseitlinge sind sehr ergiebig, Fertigkulturen lassen sich nach einer Pause mehrmals beernten.

TEMPERATUR & LUFTFEUCHTE Die Pilze wachsen gut bei Temperaturen von 17 bis 24 °C. Unter 16 °C bilden sich keine Fruchtkörper. 90 % Luftfeuchte ist ideal.

Kombucha und Kefir

Pilzkulturen für Getränke

WAS IST KOMBUCHA?

Der sogenannte Teepilz ist eigentlich gar kein Pilz, sondern eine hautfarbene Struktur aus Cellulose, die aussieht wie ein glibberiger Pfannkuchen. Ihr Name „Scoby" ist eine Abkürzung für „Symbiotic Colony of Bacteria and Yeast". Die Cellulose ist quasi die Wohnung, die von Bakterien und Hefen besiedelt wird. Da man mit ihr Lebensmittel herstellen bzw. positiv verändern kann, hat sie sich hier also durchaus einen Platz verdient.

EINEN IM TEE HABEN

Seit einigen Jahren „wohnt" ein Kombucha-Scoby in unserer Küche und er hat gewissermaßen einen im Tee: Wir füttern ihn mit reichlich Zucker und Schwarztee, dafür liefert er uns leckeren und probiotischen Kombucha. Ich bin überzeugt, dass er sich positiv auf die Darmflora und das Immunsystem auswirkt – aber auch, wenn Ihr von Probiotik wenig haltet, lohnt sich der Versuch allein wegen des unvergleichlich säuerlich-frischen Geschmacks.

PASSENDE UMGEBUNGSBEDINGUNGEN

Die Fermentation sollte bei Raumtemperatur stattfinden. Den Ansatz aber auf keinen Fall in die Sonne stellen und das fertige Getränk am besten im Kühlschrank aufbewahren, wo es dann einige Wochen haltbar ist. Ihr könnt den Kombucha geschmacklich noch aufwerten, indem Ihr ihm nach der ersten Fermentation Kräuter oder Früchte zugebt und ihn für weitere 2 bis 3 Tage bei Zimmertemperatur stehen lasst. Den Deckel nur locker auflegen, da Gase entstehen und sonst vielleicht die Flasche reißt. Ein toller Nebeneffekt dieser zweiten Fermentation: es bildet sich Kohlensäure und der Kombucha wird noch erfrischender. Wenn Ihr mal eine Kombucha-Pause braucht, könnt Ihr den Scoby mit Kombucha bedeckt in einem Schraubglas im Kühlschrank lagern.

GUT ZU WISSEN

Nebenprodukt des Fermentationsprozesses sind geringe Mengen Alkohol, wie er auch in selbst entsaftetem Apfelsaft vorkommt. Da der Alkoholgehalt meist unter 1% liegt, könnt Ihr ihn eigentlich vernachlässigen, für kleine Kinder oder Menschen mit Alkoholproblemen würde ich Kombucha zur Sicherheit trotzdem nicht empfehlen.

DER KLEINE BRUDER WASSERKEFIR

Wasserkefirkristalle machen aus Wasser, Zucker und Trockenobst innerhalb weniger Tage eine sprudelnde, leicht säuerliche Limonade. Wasserkefir ist noch etwas einfacher in der Vorbereitung, und die Fermentation ist schon nach 2 bis 3 Tagen abgeschlossen. Er ist also ein ideales Einsteiger-Ferment – auch für ungeduldige Zeitgenossen.

ZUTATEN FÜR CA. 1,5 LITER KOMBUCHA-GETRÄNK

Kombucha-Scoby
100 ml fertiges Kombucha-Getränk mit lebenden Kulturen
1 Liter heißes Wasser
3 EL Teeblätter von Grün- oder Schwarztee
100 g Zucker

KOMBUCHA-GETRÄNK ZUBEREITEN

Kombucha kann man gut nebenbei ansetzen, indem man am Wochenende morgens einen starken Tee mitkocht. So entsteht Routine, die regelmäßig frischen Kombucha liefert.

1.
Neben den Zutaten (S. 70) benötigt Ihr einen großen Glasbehälter mit mindestens 2 Liter Fassungsvermögen, Gaze oder Küchenrolle sowie Gummiband.

4.
Nun mit Kombucha aus der letzten Fermentation oder einem Starterset auffüllen. Dabei einige Zentimeter Platz lassen damit nichts überläuft, falls sich der Kombucha bei der Fermentation etwas ausdehnt.

2.
Frisches Leitungswasser erhitzen, direkt im Behälter einen starken Tee aufbrühen (Glas nur ca. 3/4 befüllen) und ca. 10 Minuten ziehen lassen. Den Zucker in die noch heiße Flüssigkeit einrühren.

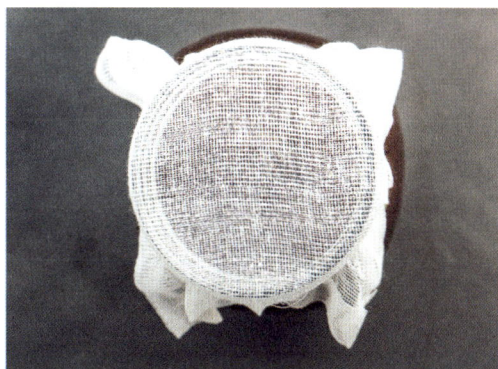

3.
Den heißen Tee komplett abkühlen lassen, erst dann den Kombucha-Scoby hinzufügen.

5.
Das Glas als Schutz gegen Essigfliegen mit einer Gaze oder einem Stück Küchenrolle abdecken und diese mit einem Gummiband befestigen. Am besten auf einen Untersetzer stellen und so für 7 bis 10 Tage fermentieren lassen. Dann abgießen und neu starten.

KRÄUTER

Kräuter pflegen

Frische Kräuter sind eine wunderbare Möglichkeit, Salate, Sandwiches oder Bowls aufzupeppen und ihnen mehr Aroma und Frische zu verleihen. Nicht umsonst nimmt die Auswahl an Topfkräutern stetig zu.

1

WAS DAS AUSSEHEN ÜBER DIE PFLEGE VERRÄT

Komischerweise werden Kräuter gerne pauschal behandelt und man liest häufig sowas wie: Kräuter brauchen magere Erde, viel Sonne und wenig Wasser. Wer allerdings genauer hinsieht bemerkt, dass es innerhalb dieser Pflanzengruppe doch unterschiedliche Bedürfnisse gibt. Um herauszufinden, was Kräuter brauchen, ist es sinnvoll, die Pflanzenteile genau zu betrachten: Sind die Blätter eher fest und fleischig oder zart und dünn? Und sind die Stiele eher holzig oder weich? Hier eine Faustregel: Je trockener und fester das Pflanzengewebe ist, desto unempfindlicher sind die Arten gegenüber Trockenheit und desto weniger Nährstoffe brauchen sie für gewöhnlich. Beispiele hierfür sind Rosmarin und Salbei. Genau das Gegenteil ist bei Basilikum, Koriander und Petersilie der Fall. Durch ihre zarten Blätter haben sie kaum Möglichkeit, Feuchtigkeit zu speichern. Trotzdem sollte man sie nicht überschwemmen, da die weichen Stängel dann schnell

faulen. Aber keine Sorge, bei den Steckbriefen ab Seite 78 findet Ihr viele individuelle Pflegetipps. Während viele Blatt-Kräuter einjährig sind und jedes Jahr neu gepflanzt oder ausgesät werden, lassen sich einige verholzende Arten mehrjährig kultivieren. Viele Kräuter könnt Ihr relativ leicht aussäen, andere nur oder deutlich besser über Stecklinge vermehren (S. 83). Viele Mehrjährige, wie z. B. Zitronenverbenen, gedeihen gut im Freien, sind aber nicht winterhart und sollten daher immer hell und kühl in der Wohnung überwintert werden.

PFLANZEN BESORGEN

Die meisten Kräuter gibt es als fertige Pflanzen zu kaufen. Wer besondere Arten oder Sorten sucht, guckt mal auf dem Wochenmarkt, in Gärtnereien oder online bei Spezialhändlern. Aber auch Kräuter aus dem Supermarkt könnt Ihr in der Wohnung weiterkultivieren. Einige Tipps, um gute Startbedingungen für gekaufte Töpfchen zu schaffen, stehen auf Seite 88/89.

1. Wenn man einmal damit angefangen hat, sind frische Kräuter aus der Küche irgendwann nicht mehr wegzudenken.

2. Selbst gemischter Kräuterquark ist schnell gemacht und um Längen besser als gekaufte Alternativen.

3. Von vielen Kräutern gibt es spannende, aber relativ unbekannte Sorten, wie dieses Vanille-Basilikum.

2

3

KRÄUTER AUSSÄEN

Bei der Aussaat sind etwas Fingerspitzengefühl und Geduld gefragt, da manche Arten lange brauchen um zu keimen. Die selbst gezogenen Exemplare sind natürlich erst einmal deutlich zarter als gekaufte. Bitte nicht wundern, das ist ganz normal. Verwendet möglichst frisches Saatgut, da es schade wäre, wenn Ihr die Aussaat mehrere Wochen hegt, um dann festzustellen, dass das Saatgut nicht mehr keimfähig war.

ZUM AUSSÄEN GEEIGNET

Basilikum
Dill

Fenchel

Kamille

Koriander

Petersilie

Und so geht's

— Füllt einen Topf mit Anzuchterde.
— Streut das Saatgut sparsam auf die Oberfläche und bedeckt es dünn mit etwas Substrat oder Vermiculit. Da die meisten Kräuter Lichtkeimer sind, sollten die Samen nicht zu stark bedeckt werden. Ausnahmen findet Ihr bei den Pflanzensteckbriefen ab Seite 78.
— Gießt die Aussaaten mit einer feinen Brause an, bis alles schön feucht, aber nicht nass ist.
— Stülpt ein leeres Einmachglas über die Aussaaten oder setzt sie in ein Anzuchtgewächshaus.
— Nun ist Geduld gefragt. Macht Euch keine Sorgen, wenn es 2 bis 3 Wochen dauert, bis das erste Grün aus der Erde spitzt.
— Sobald sich nach den Keimblättern vier richtige Blättchen gebildet haben, werden die Pflänzchen pinziert, d. h. das oberste Blattpaar vorsichtig mit den Fingernägeln abgeknipst oder mit einer feinen Schere abgeschnitten. Das regt die weitere Verzweigung an und Ihr vermeidet damit zusätzlich, dass die Kräuter nur lang und dünn nach oben wachsen.
— Falls die Pflänzchen recht dicht stehen, dürft Ihr sie jetzt auch ausdünnen oder mit mehr Abstand umpflanzen.
— Rosmarin, Salbei oder Thymian können dauerhaft in magerer Kräutererde kultiviert werden. Mittelzehrer (also Kräuter mit etwas mehr Nährstoffhunger), wie Basilikum, Schnittlauch, Minze oder Petersilie muss man mit etwas flüssigem Gemüsedünger versorgen oder in nährstoffreichere Pflanzerde umtopfen, sobald sie etwas größer sind.

ERNTEN UND VERWENDEN

Neben meinem Herd steht ein kleiner Kräutergarten mit Basilikum, Schnittlauch, Minze, Petersilie und Koriander, von denen ich beim Kochen nach

VEGETATIVE VERMEHRUNG

Für die Aussaat nutzen wir Samen. Bei sogenanntem F1-Saatgut ist es möglich, dass die folgenden Generationen aber andere Eigenschaften aufweisen als ihre Elternpflanzen. Bei der vegetativen Vermehrung, z. B. durch Stecklinge, entstehen genetisch gleiche Abkömmlinge der Mutterpflanze. Tipps dazu auf Seite 83.

Bedarf ernten kann. Da die Kräuter ja nicht zum Sattessen gedacht sind, sondern mit ihren Aromen den Geschmack von Speisen verbessern, eignen sie sich ideal für die Küche. Zupft möglichst nie einzelne Blättchen ab, sondern versucht den Stängel in einer Blattachsel abzuknipsen. Auf diese Weise regt Ihr einen buschigen Wuchs an und die Kräuter werden dadurch mit der Zeit immer üppiger statt weniger.

KRÄUTERGARTEN OHNE GIESSEN

Für Gießmuffel oder als praktische Urlaubsbewässerung für 1 bis 2 Wochen. Am besten klappt's mit Mason Jars (Einmachgläser aus USA), es geht aber auch mit anderen Behältern.

1.
Ihr benötigt bewurzelte Kräuter, ein Weithals-Mason-Jar, einen Kunststofftopf mit passendem Durchmesser und einigen Löchern im Boden, dicke Baumwollschnur sowie etwas feuchte Erde.

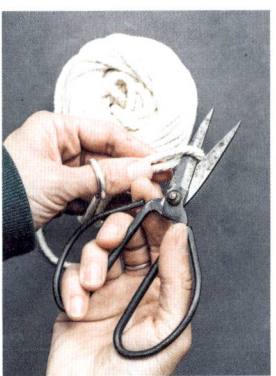

2.
Von der Baumwollkordel ein ca. 20 cm langes Stück abschneiden. Es dient der Pflanze später als „Docht" zur Wasserversorgung durch Kapillarwirkung.

3.
Die Schnur durch die Löcher im Boden fädeln und im Topf etwas nach oben ziehen. Die Pflanze einsetzen und rundherum mit Erde auffüllen.

4.
Das Mason Jar ca. zur Hälfte mit Wasser füllen und das Töpfchen mit der Kordel einsetzen. Ist der Topf recht klein und droht ins Glas zu rutschen, vorher den Schraubring des Mason Jars ohne Innendeckel montieren, um so den Durchmesser zu verkleinern.

5.
Das Wasser reicht den Kräutern ohne Nachgießen für ca. 1 bis 2 Wochen. Bei Bedarf einfach auffüllen – zur Algenvermeidung dafür das Glas gelegentlich komplett leeren und sauber ausspülen.

KLASSIKER

PETERSILIE
—— *Petroselinum crispum*

WUCHS Zweijährige, rosettige Pflanze mit aufrechten Stängeln, die sich im oberen Teil verzweigen. Blätter gekräuselt oder glatt. Wächst nach der Ernte laufend nach. Die Blüten sind klein und unscheinbar.

ANBAU & PFLEGE Petersilie hat einen großen Wasserbedarf, ist sonst aber sehr robust und pflegeleicht. Gekaufte Pflanzen in ein größeres Gefäß umtopfen. Das Substrat feucht halten, allerdings Staunässe vermeiden. Gelegentliche Düngergabe kann sinnvoll sein. Aussaat ist auch möglich, aber Achtung, gehört zu den Dunkelkeimern, also Samen mit Erde bedecken! Nicht von der sehr langen Keimdauer (bis zu 4 Wochen) abschrecken lassen.

ERNTE & VERWENDUNG Stängel nach Bedarf mit der Schere abschneiden. Passt zu fast allem, daher ist sie ein beliebtes Würzkraut für Suppen, Salate, Kräuterquark etc.

ROSMARIN
—— *Rosmarinus officinalis*

WUCHS Mehrjähriger, verholzender, immergrüner und robuster Strauch mit nadelartigen Blättchen. Bildet bei ausreichend Licht und Wärme hübsche, hell-lila Blüten. Rosmarin wächst insgesamt eher langsam.

ANBAU & PFLEGE Die Pflanze braucht wenig Nährstoffe und Wasser, sie ist daher ausgesprochen pflegeleicht. Dennoch gelegentlich gießen und zweimal pro Jahr sparsam düngen. Nach 1 bis 2 Jahren umtopfen. Rosmarin lässt sich theoretisch aussäen, die Stecklingsvermehrung ist jedoch total unkompliziert.

ERNTE & VERWENDUNG Er passt zu vielen mediterranen Speisen, aber z. B. auch zu Ofenkartoffeln. Halben bis ganzen Zweig abschneiden, benötigte Nadeln für die Verwendung abstreifen oder gesamten Stängel mitkochen. An der Schnittstelle verzweigt sich die Pflanze dann.

SALBEI
— *Salvia officinalis*

WUCHS Mehrjährige, buschige, unten verholzende Pflanze mit ovalen, stark duftenden, samtigen Blättern.

ANBAU & PFLEGE Die mediterrane Pflanze ist ähnlich pflegeleicht wie Rosmarin, wächst am besten im magerer Kräutererde und kommt mit wenig Wasser aus. Daher sparsam gießen und nur halbjährlich düngen. Spätestens alle 2 Jahre in ein etwas größeres Gefäß umtopfen. Aussaat kann ich nicht empfehlen, denn auch Salbei lässt sich leicht über Stecklinge vermehren.

ERNTE & VERWENDUNG Frische Triebe nach Bedarf schneiden. Besonders lecker schmecken die Blätter, wenn man sie in Butter in der Pfanne frittiert, z. B. zu Pasta mit Parmesankäse. Gut geeignet als Heilkraut bei Erkältungen als entzündungshemmender, leider recht bitterer Tee oder als Gurgellösung bei Halsschmerzen.

SCHNITTLAUCH
— *Allium schoenoprasum*

WUCHS Mehrjährige, horstige Pflanze, die im Verlauf hübsche, lilafarbene Blüten bildet. Diese sind essbar und können ebenfalls geerntet werden.

ANBAU & PFLEGE Unkomplizierte Pflanze mit höherem Nährstoffbedarf und empfindlich gegenüber Staunässe. Im gekauften Topf oft extrem beengt, daher unbedingt teilen und mit mehr Platz eintopfen. Aussaat ist auch möglich, allerding nicht zu dicht säen. Achtung: Schnittlauch ist Dunkel- und Kaltkeimer, also Samen mit Erde bedecken und während der Keimung möglichst kühl stellen – zur Not sogar in den Kühlschrank!

ERNTE & VERWENDUNG Nach Bedarf mit der Schere ernten und zur Schonung des Aromas möglichst nicht erhitzen. Fein geschnitten lässt sich Schnittlauch super einfrieren. Die Blüten sind toll als Deko für Salate etc.

EXOTEN

KORIANDER
— *Coriandrum sativum*

WUCHS Ein- oder zweijährige Pflanze mit rosettigem Wuchs. Feine gezahnte Blättchen sitzen an dünnen, aufrechten Stängeln. Geht schnell in die Blüte und bildet dann zarte, meist weiße Dolden.

ANBAU & PFLEGE Gekaufte Pflanzen überleben zu lassen ist bei Koriander besonders schwierig, daher am besten selbst aussäen und alle paar Wochen nachsäen. Achtung, Dunkelkeimer mit oft langer Keimdauer (2 bis 3 Wochen). Koriander hat einen mäßigen Wasser- und Nährstoffbedarf.

ERNTE & VERWENDUNG Die Blätter eignen sich hervorragend für asiatische Gerichte und werden am besten roh verwendet. Auch die reifen Samen sind essbar und können mit dem jeweiligen Gericht mitgekocht oder kurz vor dem Verzehr im Mörser oder einer Pfeffermühle zerkleinert und übers Essen gestreut werden.

SHISHO
— *Perilla frutescens*

WUCHS Einjährige, buschige Pflanze mit aufrechten Stängeln. An ihnen sitzen breit-ovale, gezahnte, leicht behaarte Blätter mit einer dunkelgrün-lila Aderung.

ANBAU & PFLEGE Jungpflanzen findet man relativ selten — am ehesten in gut sortierten Gartencentern oder Spezialgärtnereien (siehe S. 108). Daher kann sich die Aussaat lohnen (Lichtkeimer). Habt etwas Geduld, die Keimung dauert ca. 2 bis 3 Wochen. Shisho lässt sich auch leicht durch Stecklinge vermehren. Sie hat einen höheren Nährstoffbedarf und benötigt regelmäßige Wassergaben, ist aber insgesamt robust und verzeiht auch Pflegefehler.

ERNTE & VERWENDUNG Geerntet wird wie beim Basilikum durch Abknipsen über einer Blattachsel, was die weitere Verzweigung anregt. Die leicht minzigen Blätter eignen sich als Gewürz für asiatische Gerichte wie Sushi, aber auch als Salatzutat.

ZITRONENGRAS
— *Cymbopogon citratus*

WUCHS Mehrjährige, horstige Pflanze mit flachen, leicht überhängenden Blättern.

ANBAU & PFLEGE Zitronengras benötigt viel Wasser, ist aber anfällig für Staunässe und Trauermücken. Hier also beim Gießen individuell abwägen. Die Ernte regt zum Neuaustrieb an, daher regelmäßig einen Stängel direkt über der Wurzel abschneiden. Keine Vermehrung über Samen möglich, gekauftes Zitronengras kann aber erfolgreich bewurzelt werden. Die Pflanze regelmäßig sparsam düngen. Vertrocknete Blätter gelegentlich entfernen.

ERNTE & VERWENDUNG Immer einen kompletten Stängel ernten. Zum Kochen wird der helle Teil, also ca. die unteren 10 cm, verwendet und in feine Ringe geschnitten, z. B. für asiatische Suppen oder Currys. Der obere Teil ist sehr faserig, eignet sich jedoch für die Zubereitung von Tee.

ZITRONENVERBENE
— *Aloysia triphylla*

WUCHS Mehrjähriger Strauch mit verholzenden Stängeln und stark duftenden, lanzettlichen Blättern.

ANBAU & PFLEGE Relativ anspruchslose Pflanze mit mittlerem Wasser- und Nährstoffbedarf. Regelmäßig gießen, da sich die Zitronenverbene von länger andauerndem Wassermangel nur schwer erholt. Im Winter hell und möglichst etwas kühler stellen, sonst wirft sie ggf. die Blätter ab – dann im Frühling zurückschneiden, düngen und Neuaustrieb abwarten. Keine Aussaat, Vermehrung nur vegetativ über Stecklinge möglich.

ERNTE & VERWENDUNG Halben bis ganzen Zweig abschneiden und Blätter zur Verwendung abstreifen. An der Schnittstelle verzweigt sich die Pflanze später. Wunderbare Teezutat, insbesondere für Erkältungstees, denen sie einen zitronigen Geschmack verleiht. Ebenso lecker zum Aromatisieren von Wasser als Erfrischungsgetränk.

EXOTEN

BRAHMI
—— *Bacopa monnieri*

AUSSEHEN Buschige Pflanze mit vielen kleinen fleischigen Blättchen an krautigen Rispen. Brahmi wächst auch im Winter weiter und liefert so das ganze Jahr frisches Grün.

PFLEGE Die mehrjährige Brahmi liebt einen sonnigen bis halbschattigen Platz und bevorzugt nährstoffreiche Erde. Es gedeiht gut in großzügig bewässerten Töpfen, da es ursprünglich aus Marschlandschaften stammt. Die Pflanze fühlt sich bei ausreichender Feuchtigkeit indoor ganzjährig wohl. Zum Schutz vor Trauermücken die Topfoberfläche ggf. mit Sand bestreuen.

ERNTE & VERWENDUNG Brahmi wird im Ayurveda eine gedächnissteigernde Wirkung nachgesagt. Dafür am besten die Triebe roh werwenden, z. B. in Salat oder Joghurt. Mit etwas Honig lässt sich der leicht bittere Geschmack versüßen. Die Blätter lassen sich auch trocknen, z. B. für Tee.

JAMAIKA-THYMIAN
—— *Plectranthus amboinicus*

AUSSEHEN Krautige Pflanze mit fleischigen, samtigbehaarten Blättern, die bis zu handtellergroß werden können und herrlich nach Zitrone duften. Im einem großen Topf kann er eine Höhe von bis zu 80 cm erreichen.

PFLEGE Er eignet sich gut als ganzjährige Zimmerpflanze. Stellt ihn am besten hell, warm und eher trocken (keine volle Sonne). Die Erde zwischen den Wassergaben leicht antrocknen lassen und insgesamt nicht zu viel gießen. Von April bis September gelegentlich düngen.

ERNTE & VERWENDUNG Für einen buschigen Wuchs längere Triebe in einer Blattachsel abschneiden. Frischer und würziger Geschmack, mit leicht bitterer Note. Toll zu Fleisch, Fisch und Suppen, aber auch fein geschnitten im Kräuterquark oder Salat. Zum Ausprobieren: die Blätter in Pfannkuchenteig ausbacken.

STECKLINGE VERMEHREN

Stecklinge sind eine einfache Möglichkeit, Pflanzen zu vermehren. Gerade bei Kräutern klappt es meist prima und man bekommt kostenlos neue Pflanzen.

1.
Schneidet frische krautige Triebe von Pflanzen, die Ihr vermehren möchtet. Achtet darauf, dass die Stiele zwei Blattknoten und ca. zwei Blattpaare haben.

2.
Blätter unterhalb des zweiten Blattknotens komplett entfernen. Große Blätter ggf. etwas einkürzen, worüber sonst viel Feuchtigkeit verdunstet. Bei blühenden Kräutern die Triebspitze entfernen!

3.
Die Stecklinge nun ins Wasser stellen. Entweder in Reagenzgläser oder in ein Glas mit Pappdeckel und Löchern, damit nur die Stängel, nicht aber die Blätter im Wasser stehen.

4.
Das Wasser täglich wechseln und etwas abwarten. Je nach Art bilden sich nach einigen Tagen oder Wochen die ersten Wurzeln.

5.
Die bewurzelten Stecklinge in einen kleinen Topf pflanzen und von hier aus weiterkultivieren. Alternative: Von verholzenden Arten wie Rosmarin könnt Ihr Stecklinge, ohne vorige Bewurzelung im Wasserglas, direkt in feuchte Erde stecken und mit einem Glas abdecken.

Viele leckere Minzen

Bevor ich anfing zu gärtnern, dachte ich, es gäbe nur eine Sorte und war im Laufe der Zeit sehr erstaunt, wie viele unterschiedliche angeboten werden, wie verschieden sie schmecken und riechen.

EINFACHE PFLEGE

Minze kann mehrjährig kultiviert werden, sie braucht nur einen ausreichend großen Topf, regelmäßige Wassergaben und, als recht nährstoffhungriges Kraut, ab und an etwas Dünger. Da sie im Freiland auch im Halbschatten gedeiht, kommt sie ebenso in der Wohnung mit begrenzten Lichtverhältnissen gut zurecht. Während man im Garten aufpassen muss, dass sie sich nicht unkontrolliert überall ausbreitet, ist es indoor total praktisch, dass laufend neue Triebe entstehen und die Pflanze sich so immer wieder selbst verjüngt. Spätestens alle 2 Jahre sollte man sie in einen größeren Topf mit neuer Erde umtopfen, da es ihr sonst schnell zu eng wird.

FÜR JEDEN GESCHMACK ETWAS DABEI

Während die Sorten 'Spearmint' und 'Peppermint' stark nach Menthol riechen und schmecken, ist das Aroma von Schoko- oder Erdbeer-Minze schon fast süßlich. Minzen eignen sich je nach Sorte sowohl für Getränke, wie Infused Water oder wohltuenden Tee, aber auch als Gewürz für Süßspeisen oder herz-

hafte Joghurt-Dips. Dazu einfach einige Stängel kurz über dem untersten Blattpaar abschneiden, waschen und die Blätter abstreifen. Auch zum Trocknen am besten so verfahren, da sich die ätherischen Öle sonst hauptsächlich im Stängel einlagern, den man später nicht verwendet. Mit einem Minzetopf in der Wohnung könnt Ihr jedoch das ganze Jahr frisch ernten.

Lieblingssorten

Apfel-Minze – verdankt ihren Namen nicht dem fruchtig-milden Geschmack, sondern ihren Blättern, die recht groß ausfallen und an das Laub von Apfelbäumen erinnern.

Schoko-Minze – riecht tatsächlich etwas schokoladig und hat eine hübsche dunkle Blattfärbung, die den Zimmergarten auch optisch bereichert.

Erdbeer-Minze – duftet wenig minzig, sondern eher süßlich, und wenn man sie zerreibt, auch wirklich nach Erdbeeren. Die Sorte eignet sich sehr gut für aromatisiertes Wasser und Süßspeisen. Durch ihren sehr kompakten Wuchs braucht sie wenig Platz.

1. Wenn Ihr nicht sicher seid, welche Minze Eure Lieblings- sorte wird, besorgt einfach zwei bis drei verschiedene und vergleicht.

2. Apfel-Minze wird von Floris- ten auch als frisch duftendes Grün für Blumensträuße ge- schätzt.

3. Erdbeer-Minze habe ich erst beim Schreiben und Fotogra- fieren dieses Buches entdeckt, aber sofort lieben gelernt.

1

2

3

Mojito-Minze – ist Hauptbestandteil des gleichna- migen Cocktails und wird auch Hemingway-Minze genannt, da der Schriftsteller gerne Mojito trank. Sie hat ein erfrischendes, kaum scharfes Aroma und eignet sich hervorragend für Tee.

Thai-Minze – sie hat einen sehr harmonischen und sanft-fruchtigen Duft, der allein schon den Anbau lohnt. Dieser ist unkompliziert, zudem zeichnet die Pflanze eine gute Winterhärte aus. Die dunkelgrü- nen Blätter frisch verwenden, sie eignen sich jedoch auch zum Einfrieren.

ERFRISCHEND GESUND

Bei Erkältungen eine Hand voll Blätter in ein heißes Wasser zum Inhalieren geben. Aber Achtung: Menthol kann bei empfindlichen Menschen Allergien auslösen.

Vielfältiges Basilikum

Auch bei Basilikum stellt man schnell fest, dass es nicht nur das klassische Genoveser Basilikum gibt, das Ihr wahrscheinlich von Pesto und Tomaten mit Mozzarella kennt, sondern viele andere interessante Sorten.

GUTE PFLEGE

Die Pflanzen wachsen in der Regel nur einjährig und werden daher normalerweise immer wieder neu ausgesät. Das könnt Ihr entweder selbst machen oder fertige Exemplare für einige Monate weiterkultivieren. Die zarten Keimlinge sind anfangs deutlich kleiner als gekauftes Basilikum und brauchen einige Wochen, bis Ihr ernten könnt. Basilikum ist sehr anfällig für Stängelfäule. Ich habe mir daher angewöhnt, die Pflanze im Topf nur von unten zu gießen. Seit ich darauf umgestiegen bin, klappt es wirklich viel besser und wir haben immer frisches Basilikum zuhause. Ausnahme: Ich gebe gelegentlich etwas Flüssigdünger ins Gießwasser und wässere dann von oben, damit sich der Dünger gleichmäßig verteilt.

ERNTEN UND VERWENDEN

Bei Basilikum besonders wichtig: keine einzelnen Blättchen ernten, sondern immer über einer Blattachsel abknipsen. Verwendet die Ernte möglichst frisch, denn das Kraut verliert schnell an Aroma, wenn man es trocknet oder länger mitkocht. Mit einem Strauch in der Küche braucht Ihr Basilikum eigentlich nicht haltbar machen, aber bei Bedarf lässt es sich ganz gut einfrieren.

BESONDERE SORTEN

Strauch-Basilikum – eine ausgefallene Sorte, meist mit attraktiven, dunklen Blättern. Da die Stängel nach einiger Zeit verholzen, kann es gut über mehrere Jahre kultiviert und wie ein kleiner Busch erzogen werden. Ein weiteres tolles Feature: nach einiger Zeit bilden sich Rispen mit hübschen, essbaren Blüten.

Thai-Basilikum – Bai Horapa kennt Ihr sicher als Zutat asiatischer Gerichte. Es ist tatsächlich mit dem klassischen Basilikum verwandt, unterscheidet sich aber durch das markante, etwas an Lakritz erinnernde Aroma von den mediterranen Sorten. Falls Ihr keine Pflanze bekommt, könnt Ihr einen Bund im Asialaden besorgen und versuchen, einige Stiele als Stecklinge zu bewurzeln.

Vanille-Basilikum – schmeckt, wie der Name sagt, wirklich vanillig und eignet sich daher besonders für orientalische Gerichte, Süßspeisen, Marmelade oder Kompott. Neben dem außergewöhnlichen Aroma sind noch die zarten lilafarbenen Blüten bemerkenswert.

Griechisches Buschbasilikum – würzige Sorte mit besonders kompaktem und buschigem Wuchs. Die filigranen Blättchen werden ohne Zerkleinern roh verwendet und am besten nicht mitgekocht.

1

2

3

LEBENSLÄNGLICH FÜR KRÄUTER

Leider ist Basilikum prädestiniert dafür, 2 Tage nach dem Kauf den Kopf hängen zu lassen und kurze Zeit später im Müll zu landen. Einige Tricks, wie gekaufte Kräuter überleben, findet Ihr auf Seite 88.

1. Während einige Sorten durch ihre starken, aufrechten Stängel auffallen, wachsen andere eher zart krautig oder sogar hängend.

2. Basilikum gibt es mit vielen verschiednen Blattformen und -farben, wie dieses rotlaubige Basilikum.

3. Vom starkwüchsigen italienischen Klassiker Genoveser Basilikum kann man wirklich garnicht zu viel haben.

Wie gekaufte Pflanzen überleben

Basilikum & Co

PRODUKTION VON TOPFPFLANZEN

Die meisten Pflanzen werden in eher kleinen Töpfen verkauft, da größere Gefäße im Gewächshaus mehr Platz wegnehmen und durch zusätzliches Gewicht die Transportkosten steigen. Deshalb reicht das Substratvolumen in Kräutertöpfen meist nur solange, bis die Pflanzen in den Handel kommen. Wenn Ihr z. B. einen Schnittlauch aus dem Topf nehmt, seht Ihr, wie wenig Platz nur noch im Gefäß ist. Meist ist dieses schon komplett durchwurzelt und die Erde mehr oder weniger aufgebraucht.

Um zu verstehen, was bei gekauften Kräutern in der Wohnung schiefgehen kann, hilft es also sich klarzumachen, wie Pflanzen in Großgärtnereien produziert werden. Meist stehen die Töpfe dort in beheizten Gewächshäusern auf großen Fluttischen, in die je nach Art, in exakt abgestimmten Intervallen Wasser einströmt und später wieder abgelassen wird. Das geschieht unter anderem, da viele Kräuter anfällig für Stängelfäule sind. Wenn Ihr nun also zuhause einfach von oben in die Plastikverpackung gießt, schafft Ihr leider ideale Bedingungen für Schimmel und unerwünschte Bakterien.

TRICKS FÜR NEUANKÖMMLINGE

Kräuter stehen erntereif im Supermarkt, machen bei uns aber meist kurz darauf schlapp. Das kann man nicht immer komplett vermeiden, gerade bei Basilikum und Dill. Mit einigen Tricks von Beginn

an und liebevoller Pflege im weiteren Verlauf könnt Ihr aber oft so positiv Einfluss nehmen, dass gekaufte Pflanzen viel länger durchhalten als gewöhnlich. Falls Kräuter nach ein paar Tagen welk wirken, nicht versehentlich übergießen, sondern lieber großzügig zurückschneiden.

Gut ankommen

Gutes Gelingen fängt schon beim Transport an: Gerade im Winter kann der Umzug aus dem warmen Supermarkt für die Pflänzchen buchstäblich zum Kälteschock werden. Ich wickele sie daher für den Heimweg gerne zusätzlich in Zeitungspapier ein. Kräuter sind übrigens auch nicht grundlos in Plastik verpackt – vielen zarten Arten gibt die umgebende Folie die nötige Stabilität, damit die Stängel nicht schon im Laden zur Seite fallen und abknicken. Nehmt die Hülle daher möglichst nicht gleich am ersten Tag komplett ab, sondern rollt sie innerhalb der ersten Tage stückweise nach unten und entfernt sie dann.

Platz da – gekaufte Pflanzen umtopfen

Bei den meisten Arten ist es sinnvoll, sie kurz nach dem Kauf in größere Gefäße umzupflanzen. Gebt die neue Erde dafür am besten vorab in einen Eimer oder Topf und gießt sie gut an. Knetet sie dann etwas durch, um die Feuchtigkeit gleichmäßig zu verteilen – so spart Ihr das erste Gießen nach dem Umtopfen und erleichtert das Anwachsen im neuen Zuhause.

ÜBERLEBENSTRAINING FÜR GEKAUFTE TOPFPFLANZEN

Durch Umpflanzen in einen größeren Topf mit frischer Erde habt Ihr an vielen gekauften Küchenkräutern länger Freude.

1.
Basilikum steht in gekauften Töpfen oft zu eng. Pflanzt Ihn daher möglichst nach einigen Tagen des Eingewöhnens in ein größeres Gefäß.

4.
Basilikumstiele mit ausreichend Abstand einsetzen und die Zwischenräume vorsichtig mit Erde verfüllen. Das wird Euch im Vergleich zum gekauften Topf sehr mickrig vorkommen, ist aber richtig so!

2.
Sobald der Pflanztopf entfernt ist, kann man sehen, wie dicht das Substrat oft schon durchwurzelt ist. Faustformel: Ein gekaufter Basilikum reicht meist für drei neue Töpfe der gleichen Größe.

3.
Pflanze vorsichtig teilen, dabei die zarten Stängel möglichst nicht verletzen oder abknicken. Die frische Erde vorab idealerweise etwas anfeuchten und durchkneten.

5.
Direkt nach der Pflanzung ggf. zusätzlich einmal von oben angießen, damit die Pflänzchen gut anwachsen. **WICHTIG:** Danach nicht mehr von oben gießen, sondern nur über den Untersetzer, damit keine Stängelfäule entsteht. Die Pflanzen regelmäßig düngen, spätestens, wenn sich die Blättchen hell oder gelb färben.

AMPEL FÜRS KÜCHENFENSTER

Aus Dosen, einigen Schrauben mit Muttern, Beilagscheiben sowie einer langen Kette lässt sich schnell eine Hängeampel basteln.

1.
Ihr könnt die Dosen bemalen oder ansprühen. Allerdings nur von außen, damit das Substrat später nicht mit der Farbe in Berührung kommt. Ich stopfe sie dazu mit Zeitungspapier aus.

2.
Bohrt nun mit einem Metallbohrer in der Dicke der Schrauben und mit etwas Abstand zum Rand gleichmäßig verteilt drei Löcher. So sind die Dosen der Ampel später gut ausbalanciert.

3.
Zum Lackieren einen Pinsel verwenden oder einfach ansprühen. Stellt die Dose dazu am besten in einen alten Pappkarton oder in eine Kiste mit Zeitungspapier.

4.
Die Kette in drei gleichlange Stücke teilen, mit Hilfe der Schrauben befestigen und die oberen Enden zusammenfügen. Biegt dazu eines der Kettenglieder auf und verbindet so die Teile.

5.
Nun die Dosen bepflanzen. Dazu unbedingt einige Zentimeter Tongranulat als Puffer gegen Staunässe einfüllen.

6.

In der Fensterlaibung einen Haken oder einen Stab bzw. Ast befestigen, an dem die Ampel aufge-
hängt werden kann. Nur sparsam gießen, damit die Pflänzchen keine „nassen Füße" bekommen!
Aufkleber aus Tafelfolie sind praktisch zum Beschriften.

Essbare Blüten

Pflanzen im Zimmer zum Blühen zu bringen ist schon eine kleine Herausforderung, für die man Geduld und vor allem genug Licht braucht. Und eine umso schönere Erfahrung, wenn man die Blüten dann noch aufessen kann.

WARUM BLÜHEN PFLANZEN ÜBERHAUPT?

Das natürliche Ziel von Pflanzen ist es, das Überleben ihrer Art zu sichern und sich zu vermehren. Um das zu erreichen, bilden sie möglichst attraktive Blüten aus, die dann idealerweise von Bienen oder anderen passenden Insekten bestäubt werden. Daraus entwickeln sich schlussendlich Früchte mit Samen, die, wenn alles gut läuft, durch weitere Tiere wie Vögel möglichst überall verbreitet werden. So erklärt sich auch der Umstand, dass Pflanzen immer wieder Nachschub bilden, wenn man Blüten regelmäßig vor der Samenreife erntet, denn die Pflanze hat ja ihren „Reproduktionsauftrag" noch nicht erfüllt.

HIGHLIGHTS IN SPEISEN UND GETRÄNKEN

Ich nutze essbare Blüten gerne zum Aufpeppen von Eiswürfeln und als Deko für Kuchen und Salate. Es macht auch Spaß, sie zu kandieren und damit Süßspeisen einen besonderen Touch zu verleihen. Da Blüten relativ schnell welken, ist es zusätzlich praktisch, sie dort anzubauen, wo sie genutzt werden und sie erst kurz vor dem Verzehr zu ernten.

Kräuterblüten

Auch viele Kräuter gehen früher oder später in die Blüte. Das ist Euch bisher vielleicht nicht aufgefallen, da wir Kräutertöpfe entweder laufend beernten oder eben leider meist wegwerfen, bevor sie nur annähernd weit genug gediehen sind, um zu blühen. Im Garten dienen Kräuterblüten als wertvolle Bienenweiden, aber auch im Zimmer können – zumindest wir – uns an ihnen erfreuen. Besonders gerne mag ich die Blüten von Schnittlauch, Rosmarin und Strauch-Basilikum.
Ein weiteres tolles Kraut, das ich vor allem wegen seiner vielen und hübschen blauen Blüten anbaue, ist Borretsch – aber auch seine Blätter sind essbar und eignen sich als Würzmittel für Quark oder Salat. Kapuzinerkresse finde ich toll, weil sie schnell wächst und alle Pflanzenteile essbar sind – auch die leicht scharfen Blätter und später sogar die Samen, die in Salz eingelegt wie Kapern verwendet werden können.

Leckere Blumen

Es gibt auch hübsche Blumen, bei denen wir – in diesem Fall – die Blätter eher links liegen lassen und nur die essbaren Blüten ernten. Zu ihnen gehören

GEEIGNETE PFLANZEN

Borretsch

Cosmea

Hornveilchen

Kamille

Kapuzinerkresse

Ringelblumen

1

2

3

zarte Cosmeen, Ringelblumen (für heilende Ölauszüge) sowie Hornveilchen, die ich wirklich sehr liebe, da sie total unkompliziert sind und, je nachdem wie man sie anguckt, ein verschmitztes Gesicht zu haben scheinen – eine richtige Gute-Laune-Pflanze, bei der mir das Abschneiden und Ernten manchmal sogar schwerfällt.

Mein Tipp: Lasst beim Ernten Eurer Kräuter immer einige Stiele unberührt, damit an ihnen ungestört Blüten entstehen können.

1. Kapuzinerkresse ist eine ideale Indoor-Pflanze, da alle Teile essbar sind und sie sowohl im Geschmack als auch der Textur (zarte Blüten, knackige Blätter) sehr vielseitig ist.

2. Kandierte Hornveilchen sind eine verträumte Deko für Süßspeisen oder Torten.

3. Die blauen Borretschblüten sehen nicht nur toll aus, sondern schmecken auch so.

ESSBARE ZIMMER-PFLANZEN

Kaffir
Limette

Besondere Gewächse

Leider sind viele klassische Zimmerpflanzen giftig. Es gibt aber auch einige sehr leckere Vertreter, die – in Teilen – essbar sind. Diese besonderen Gewächse stelle ich Euch auf den nächsten Seiten vor.

KLASSISCHE VERTRETER

Viele mediterrane oder tropische Pflanzen wie Monstera oder Gummibaum vertragen keinen Frost und werden bei uns daher vorwiegend als Zimmerpflanzen gehalten, obwohl sie an ihrem Heimatort draußen wachsen. Ich war sehr erstaunt, als ich in Portugal das erste Mal Gummibäume in Parkanlagen gesehen und festgestellt habe, warum sie „Baum" heißen und wie imposant sie werden können. Haltet im Urlaub mal die Augen offen, welche Zimmerpflanzen Euch in ungeahnter Größe und Pracht begegnen.

TROPISCHE „FRÜCHTE" FÜR DIE FENSTERBANK

Bei manchen Pflanzen stellt Ihr bei genauerer Betrachtung auch Verwandtschaften fest. Als ich Kind war, hatte meine Oma z. B. ein Fensterbrett, auf dem immer Bromelien standen. Ich fand sie toll, weil die Blätter einen Kelch bilden, in dessen Mitte man gießt, um die Pflanze zu bewässern. Mittlerweile weiß ich, dass auch die Ananas zu den Bromeliengewächsen gehört, was man sich im Alltag normalerweise nicht klarmacht, da wir meist nur die Frucht, aber nie die Pflanze sehen.

Ähnlich wenig wissen wir oft über andere tropische Früchte wie Avocado oder Mango. Ebenso haben wir bei vielen Samen und Nüssen, die wir essen, meist keine Vorstellung von den dazugehörenden Pflanzen und wie sie wachsen. Die besten Beispiele dafür sind meines Erachtens Kaffee und Cashew, deren Aussehen mich sehr erstaunt hat. Bei einigen Arten wie Avocado ist es zwar eher unwahrscheinlich, sie im Zimmer ernten zu können, trotzdem ist es toll, eine Pflanze zu ziehen und zu pflegen. So lernt man die Pflanzenwelt ein klein wenig besser verstehen und weiß hoffentlich auch einige Produkte mehr zu schätzen – sozusagen eine DIY-Umweltbildung im heimischen Wohnzimmer. Vielleicht fällt es dann beim nächsten Mal gar nicht so schwer, sich für den Fairtrade-Kaffee zu entscheiden.

TEE & KAFFEE

Sowohl Kaffee- als auch Teepflanzen sehen ganz anders aus, als ich es erwartet hätte. Beide sind hübsche Zimmerpflanzen und interessanterweise sogar recht pflegeleicht. Die Blätter der „Indoor-Teepflanze" kann man sogar ernten.

Ingwer und Kurkuma anpflanzen

Ingwer und Kurkuma gehören zu den Kulturen, deren nutzbare Teile ich lange für Früchte gehalten habe und mir überhaupt nicht vorstellen konnte, wie die Pflanze wohl aussieht.

KURKUMA

Die Kurkuma-Knolle kann wie Ingwer in der Wohnung gezogen werden. Sie verleiht Currys die gelbe Farbe und ist ähnlich gesund und entzündungshemmend.

INGWER – EIN HELD IN DER KÜCHE

Ich finde es wie gesagt immer wieder spannend, welche Pflanzenteile wir verwenden. Beim Ingwer sind es die unterirdischen, die oft als Wurzeln oder Knollen bezeichnet werden. Tatsächlich handelt es sich botanisch gesehen um Rhizome (Wurzelstöcke), die horizontal in der Erde wachsen. Ingwer ist aus meiner Küche seit einigen Jahren nicht mehr wegzudenken: Ich mag ihn als Tee, Shot oder Zutat für eine erfrischende Limonade im Sommer. Er gibt Speisen und Getränken eine feine Gewürznote und ist richtig gesund – denn er stärkt ganz nebenbei die Abwehrkräfte! Manchmal kaufe ich jedoch so viel davon, dass überzählige Exemplare verschrumpeln und wie alte Kartoffeln zu keimen beginnen. Die gute Nachricht: es ist das perfekte Stadium, den Ingwerrest einzupflanzen und daraus eine neue Pflanze zu ziehen.

INGWERPFLANZEN SELBER ZIEHEN

Es kursieren viele Anleitungen, nach denen man die Rhizome anschneiden und in Wasser stellen soll. Das ist aber überhaupt nicht nötig! Brecht einfach ein Stück mit einem beginnenden Keim ab und pflanzt es mit dem Austrieb nach oben in einen Blumentopf. Die Erde in der nächsten Zeit mäßig feucht halten, dann erscheint nach einigen Tagen das erste Grün. Ein Mini-Gewächshaus oder Glas als Abdeckung kann die Entwicklung zusätzlich begünstigen. Aus dem Ingwer entsteht eine filigrane Pflanze mit lanzettenförmigen Blättern, die sich hübsch zur Seite neigen und etwas an Bambus erinnern.

Unkompliziert in der Pflege

Perspektivisch benötigt die Pflanze einen großen und vor allem breiten Topf, damit das Rhizom genug Platz hat, um sich auszubreiten. Die Pflanze

1

2

3

regelmäßig gießen, die Erde aber insgesamt nicht zu nass halten, da das Rhizom sonst faulen könnte. Zudem minimiert Ihr so die Gefahr eines Trauermückenbefalls. Wenn nach ca. einem halben Jahr die Blätter vertrocknen, und das hoffentlich nicht daran liegt, dass Ihr über längere Zeit vergessen habt zu gießen, ist der Ingwer erntereif.

Aus den Resten könnt Ihr später wieder einen neuen Ableger ziehen und die Pflanze so stets weiter vermehren. Nicht wundern, wenn Eure Knollen eher klein bleiben – Ingwer ist nicht grundlos relativ teuer, da es eine ganze Weile braucht, bis das Speicherorgan groß und stark wird. Bio-Ingwer ist meist auch etwas zarter als Exemplare aus konventionellem Anbau. Wenn Ihr durch die Erfahrung gekauften Ingwer zukünftig nicht mehr unachtsam verschrumpeln lasst, ist auch schon viel gewonnen!

1. An den Enden der Rhizome entwickeln sich an älteren Ingwerstücken neue Triebe.

2. Ingwer und Kurkuma gehören zu einer Familie.

3. Nach einigen Wochen entsteht eine elegante Pflanze.

Aloe Vera

Aloe gehören zu den Sukkulenten und erfreuen sich seit einigen Jahren großer Beliebtheit. Ihre Blätter enthalten ein kühlendes und die Wundheilung förderndes Gel.

ALOE NUTZEN

Das Aloe-Gel wirkt wunderbar kühlend bei Sonnenbrand oder Insektenstichen und versorgt gestresste Haut mit Feuchtigkeit.

INHALTSSTOFFE BEACHTEN!

Die meisten Aloe-Arten dürfen aufgrund ihres hohen Anthrachinon-Gehalts nur äußerlich angewendet werden! Die Blätter sind nicht zum Verzehr geeignet, denn in der Blattrinde sitzt der giftige Stoff. Daher ist ebenso von einer Eigengewinnung des Gels, z. B. für Smoothies, abzuraten. Außer Ihr verwendet die wirklich essbare Sorte 'Sweet', bei der auch ganze Blätter zum Verzehr geeignet sind.

SO PFLEGT IHR DIE PFLANZEN

Die Pflanzen werden meistens in sehr kleinen Töpfen verkauft, pflanzt sie deshalb gleich in ein größeres, aber nicht riesiges Gefäß um. Füllt unten etwas Blähton als Drainageschicht ein – er ist eine zusätzliche Versicherung gegen Staunässe. Am besten eignet sich Kakteenerde, alternativ torffreie Anzucht- oder Kräutererde mit etwas Sand gemischt. Alle 2 bis 3 Jahre sollte man erneut umtopfen. Die unkomplizierten Pflanzen benötigen wenig Wasser und Nährstoffe, aber immer ausreichend Licht. Gegen Staunässe sind sie etwas empfindlich, vor allem an eher dunklen Standorten. Sonst kann man aber wirklich kaum etwas falsch machen.

Gießt die Aloe am besten über den Untersetzer, da es von Vorteil ist, die Blattrosette nicht zu befeuchten. Allerdings solltet Ihr Wasser, das nach ca. einer Stunde noch im Untersetzer steht und nicht aufgenommen wurde wegkippen. Meist reicht es, die Pflanze einmal pro Woche zu gießen. Lasst die Erde zwischen den Wassergaben ruhig einmal komplett austrocknen, das entspricht den natürlichen kargen Standortbedingungen.

Im Sommer wird die Aloe ca. alle 10 bis 12 Wochen etwas gedüngt. Im Winter fühlt sie sich, wie viele andere Zimmerpflanzen, die eigentlich in den Tropen beheimatet sind, in einem et-

Zum Ernten ein komplettes Blatt entfernen, da über offene Stellen sonst Bakterien eindringen könnten.

was kühleren Raum ohne Düngergaben und mit sehr wenig Wasser wohl. Mit ein wenig Glück bildet die Pflanze nach einigen Jahren sogar eine hübsche Blüte – ich habe noch keine in natura gesehen, bin aber gespannt, ob der Tag irgendwann kommt.

EIGENE PFLANZEN VERMEHREN

Über Ableger lassen sich Aloe leicht vermehren. Diese entwickeln sich seitlich an der Mutterpflanze, können vorsichtig entfernt und neu eingetopft werden. Eine – essbare – Aloe-Pflanze wäre doch ein nettes und für die Beschenkten auch pflegeleichtes Mitbringsel.

Ableger einer essbaren Aloe-Pflanze

Avocado-Bäumchen

Aus einem Avocadokern kann man mit wenig Aufwand eine hübsche Zimmerpflanze ziehen. Da Avocados meist selbststeril sind, ist eine Ernte nicht wahrscheinlich, die Pflanzen sehen aber wirklich hübsch aus.

SO ZIEHT IHR EIN AVOCADO-BÄUMCHEN GROSS

Das war schon mal total beliebt, als ich Teenager war. Wir hatten damals eigentlich immer einen auf drei Zahnstochern aufgespießten Kern in einem Glas auf dem Fensterbrett stehen. Je nachdem, wie konsequent wir das Wasser gewechselt haben, hat das Bewurzeln mehr oder weniger gut geklappt.

Den Kern keimen lassen

Es geht jedoch viel einfacher: Spült den Kern gründlich ab und reibt ihn mit einem Papiertuch trocken und sauber. Befeuchtet dann ein frisches Papiertuch mit Wasser und wickelt es um den Kern. Gebt das Päckchen nun in ein Schraubglas oder in eine durchsichtige Plastiktüte, damit Ihr nicht versehentlich vergesst, was drin ist. Bis zur Keimung kann es 3 bis 10 Wochen dauern. Schraubt das Glas alle 2 bis 3 Tage kurz auf und sorgt so für frische Luft, erneuert ca. einmal pro Woche das Tuch. Mit der Zeit bekommt der Kern in der Mitte einen Riss – ein gutes Zeichen! Widersteht der Versuchung die Hälften auseinanderzubrechen, sonst schädigt Ihr den Keim. Nach einigen Wochen erscheint eine weiße Wurzel.

Gekeimten Kern einpflanzen

Füllt nun einen kleinen Blumentopf mit Erde und setzt den Kern mit der Wurzel nach unten bis zur Hälfte hinein. Stülpt für die erste Zeit ein Glas oder eine Tüte drüber. Einmal täglich lüften. Gießen ist wahrscheinlich nur selten nötig. Wenn sich nach ein paar Wochen die ersten grünen Blättchen zeigen, könnt Ihr das Glas abnehmen.

Weitere Pflege

Pflanzt das Bäumchen nach einigen Monaten in einen etwas größeren Topf um und zwickt die obersten Blätter einmal ab, um die Verzweigung anzuregen. Als tropische Pflanzen benötigen Avocados für gutes Wachstum Wärme und viel Licht. In ihrer Heimat entwickeln sie sich

MACHS ROSA

Falls Ihr schon einen Avocado-Bäumchen-Wald zuhause habt, könnt Ihr mit den Avocadokernen übrigens auch Textilien färben. Es ergibt sich ein schöner, natürlicher Rosaton.

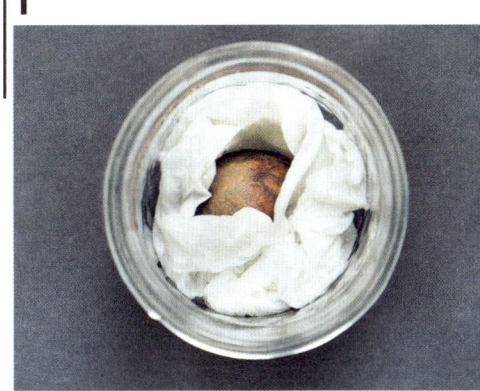

1. Nutzt für die Keimung einen transparenten Behälter, damit Ihr den Kern nicht versehentlich vergesst.

2. Kerne in drei unterschiedlichen Keimstadien.

3. Nach ca. 3 Monaten ist aus dem Kern ein hübsches Bäumchen gewachsen.

bis zu 20 m hohen Bäumen, davor braucht Ihr beim Anbau in der Wohnung aber keine Angst zu haben. Die Pflanze über die Sommermonate gelegentlich mit einem eisenbetonten Dünger versorgen und wenn möglich in der kalten Jahreszeit in die Winterruhe schicken, also nicht mehr düngen, nur gelegentlich gießen und etwas kühler stellen.

KANN MAN INDOOR-AVOCADOS ERNTEN?

Um ernten zu können, müsste man mindestens zwei Pflanzen verschiedener Sorten ziehen, von denen bei einer die männlichen und bei der anderen die weiblichen Blüten zur gleichen Zeit offen sind. Die jeweiligen Blühzeitpunkte bei gekauften Avocados zu erahnen, stelle ich mir sehr schwierig vor, ein Glückstreffer wäre aber theoretisch möglich.

Zitruspflanzen

Zitrusfrüchte gibt es in so vielen schönen und interessanten Variationen, dass es sich schon allein wegen der Optik lohnt, Limetten, Mandarinen oder Zitronen als Zimmerpflanzen zu kultivieren.

GRATIS AROMA

Die Blätter von Zitrusfrüchten können zum Aromatisieren von Speisen verwendet und ähnlich wie Lorbeerblätter mitgekocht werden. Ganz besonders aromatisch sind die Blätter der Kaffir-Limette (S. 107)

MEIN KLEINER ZITRONENBAUM

Vor 2 Jahren habe ich im Winter in der Resteecke eines Discounters ein etwas armselig wirkendes Zitronen-Bäumchen aufgegabelt. Meine Erwartungen waren gering; ich dachte nicht, dass es sich nochmal erholt. Trotzdem habe ich es in einen relativ großen Keramiktopf gepflanzt und an unser hellstes Fenster gestellt.

Da das Gefäß mit der Erde sehr schwer ist und Zitronen sowieso drinnen überwintern müssen, kultiviere ich den Baum ganzjährig als Zimmerpflanze. Spannende Erkenntnis: Zitronenblüten duften ganz wunderbar und die Pflanzen tragen gleichzeitig Blüten und Früchte in sehr unterschiedlichen Entwicklungsstadien. Bis zur ersten gelben und reifen Zitrone kann es allerdings 2 Jahre dauern. Meine Pflanze hat sich zu meiner Überraschung sehr gut entwickelt.

Vor einigen Wochen konnte ich zum ersten Mal ernten und hätte nicht stolzer sein können.

STANDORT UND PFLEGE

Da Zitronen aus den Subtropen stammen, wo es das ganze Jahr über eher warm und sonnig ist, besteht die größte Herausforderung im immensen Lichtbedarf – auch im Winter. In der Wohnung brauchen sie daher einen sehr hellen Standort, nach Möglichkeit direkt an einem großen Südfester oder in einem Erker mit Licht von zwei Seiten. Die Blätter gelegentlich mit einem feuchten Lappen abwischen, denn dick eingestaubt können sie nicht genug Licht aufnehmen. Obwohl ich sonst wenig davon halte, viele unterschiedliche Spezialerden zu bevorraten, nutze ich für das Zitronen-Bäumchen eine Zitruserde und versorge es während der Wachstumsphase im Sommer zusätzlich alle

1. Zitronen brauchen lange um zu reifen. An der Pflanze befinden sich oft sowohl Blüten als auch Früchte in unterschiedlichen Reifegraden.

2. Eine duftende Blüte und eine reife Frucht am selben Zweig sind jedenfalls ein Genuss für viele Sinne.

1

2

paar Wochen mit einem gut abgestimmten Zitrusdünger. Gießt die Pflanzen regelmäßig, lasst die Erde aber zwischen den Wassergaben einige Tage abtrocknen. Wasser, das nach dem Gießen im Untersetzer stehen bleibt, sollte man konsequent ausleeren, um Staunässe zu vermeiden.

Zitruspflanzen im Winter

Über den Winter könnt Ihr den Zitronen-Baum je nach Wohnungsgegebenheiten (Helligkeit und Temperatur) genauso weiterkultivieren oder in die Winterruhe schicken.

Dann bitte nicht mehr düngen, nur sparsam gießen und die Pflanze kühl stellen. Nicht wundern, wenn sie einige Blätter abwirft. Das ist ihr Weg, Kraft zu sparen und bis zu einem gewissen Grad auch okay. Falls Kühlerstellen bei Euch nicht möglich ist, installiert eine Zusatzbeleuchtung, denn Zitronen-Bäume brauchen wirklich sehr viel Licht.

Zitronen sind anfällig für Spinnmilben und Schildläuse, also regelmäßig feucht einsprühen – idealerweise mit kalkarmem Wasser. Alternativ gelegentlich mit der Dusche abbrausen.

WEITERE EXOTEN

ANANAS
—— *aus einem Schopf ziehen*

VORAUSSETZUNGEN Der Erfolg ist abhängig von der Reife der Ausgangsfrucht. Besorgt eine vollreife Ananas, deren Blätter möglichst noch nicht eingetrocknet sind und testet: schmeckt das Fruchtfleisch schon süß, ist sie reif genug. Falls sie noch relativ sauer ist, könnt Ihr es auch probieren, die Erfolgsaussichten sind aber geringer. Dreht den Strunk vorsichtig ab und entfernt nach und nach die unteren Blätter, bis ca. 3 cm freigelegt sind. Mit etwas Glück sind schon einige feine Wurzeln zu sehen.

VORGEHEN Füllt einen Blumentopf mit einer Mischung aus feuchter Erde und Sand, setzt anschließend den Strunk vorsichtig hinein. Stülpt

1. Frisch entblätterter Strunk
2. Frisch getopfter Strunk mit Kunststoffhaube

eine Plastiktüte darüber und stellt alles hell und relativ warm (22 bis 25 °C). Den Topf feucht halten, aber die Tüte täglich kurz abnehmen. Besprüht die Blätter beim Lüften regelmäßig mit frischem Wasser, da die Pflanze auch darüber Feuchtigkeit aufnehmen kann. Nach einiger Zeit ist der Strunk hoffentlich gut angewachsen und es bilden sich in der Mitte neue Blätter. Spätestens jetzt könnt Ihr die Tüte entfernen und die Ananas – die zu den Bromeliengewächsen gehört – als normale Zimmerpflanze weiterkultivieren.

PFLEGE Ananas stehen gerne warm und freuen sich, wenn man sie täglich etwas feucht einsprüht. Bis eine Frucht entsteht, kann es mehrere Jahre dauern. Die Pflanze stirbt danach ab – solange habt Ihr aber eine spannende tropische Zimmerpflanze, die mit etwas Glück sogar einige Ableger hervorbringt.

1

2

KAFFIR-LIMETTE
—— *Citrus hystrix*

AUSSEHEN Buschige Pflanze mit glänzenden, geflügelten Blättern, zwischen denen vereinzelt spitze Dornen zu finden sind. Wenn Früchte ausgebildet werden, sind diese sehr kernreich und enthalten verhältnismäßig wenig Saft.

PFLEGE Die Pflanze in einem großen Topf so hell wie möglich stellen. Im Winter etwas kühler, die Temperatur aber nicht unter 15 °C sinken lassen. Staunässe auf jeden Fall vermeiden und gelegentlich mit einem Zitrusdünger versorgen. Nicht nur einzelne Blätter ernten, sondern gelegentlich auch Zweige anschneiden, um neuen Austrieb anzuregen.

ERNTE & VERWENDUNG Die stark duftenden, aromatischen Blätter sind ein wichtiges Gewürz in der asiatischen Küche und dort einer der Hauptgeschmacksgeber von Massaman Curry und Tom-Kha-Suppen. Dafür werden die Blätter entweder wie Lorbeer im Ganzen mitgekocht oder in hauchdünne Streifen geschnitten und mitgegessen.

ZIMT-AROMA
—— *Elettaria cardamomum*

AUSSEHEN Der Grüne Kardamom (so wird Zimt-Aroma auch genannt) ist eine ausdauernde krautige Pflanze aus der Familie der Ingwergewächse, die im Freiland bis zu 3 m groß werden kann. Die Blätter sind lanzettenförmig, ein stark bewurzeltes Rhizom dient als Überdauerungsorgan.

PFLEGE Die Pflanze ist ausgesprochen pflegeleicht, freut sich aber über einen hellen Standort und einen großen Topf. Im Winter auf ausreichende Luftfeuchtigkeit achten.

ERNTE & VERWENDUNG Wahrscheinlich kennt Ihr Kardamom als Weihnachtsgewürz in Form der gemahlenen Samenkapseln. Eine Blüte ist als Zimmerpflanze unwahrscheinlich, aber auch die Blätter können genutzt werden, z. B. für asiatische Gerichte. Dazu einige Blätter entfernen, klein schneiden und mitkochen. Sie verleihen Speisen eine würzige Zimtnote und eignen sich sogar als Raumduft — dazu einfach etwas zwischen den Händen zerreiben.

BEZUGSQUELLEN

Pflanzenlampen und Minigärten

— IKEA
www.ikea.de

— elho
www.elho.com

— osram
www.led-lampenladen.de

Indoor-Gärten-Komplettsysteme

— click & grow
eu.clickandgrow.com

— pret a pousser
www.pretapousser.de

— véritable
www.veritable-potager.fr

Besondere Kräuter

— Blu
www.blu-blumen.de

— Rühlemanns
www.kraeuter-und-duftpflanzen.de

Pilze

— Pilzmännchen
www.pilzmaennchen.de

— Pilzwald
www.pilzwald.de

— pret a pousser
www.pretapousser.de

Microgreens

— Sonnentor
www.sonnentor.com

— Heimgart
www.heimgart.com

Saatgut

— Hauptstadtgarten
www.hauptstadtgarten.de/shop

— Magic Garden Seeds
www.magicgardenseeds.de

— Bingenheimer Saatgut
www.bingenheimersaatgut.de

Accessoires (Gießkannen, Untersetzer, etc.)

— Soestre Grene
www.sostrenegrene.com

— Granit
www.granit.com

Bücher

— Tyler Baras:
DIY Hydroponic Gardens

— Dominik Große Holtforth:
Zitruspflanzen gestalten, pflanzen, ernten

— Burkhard Bohne:
Kein Platz und trotzdem Kräuter

Onlinekurs

— Essbares für drinnen
www.garten-fraeulein.de

Webinar

— Otmar Diez: Pilze züchten – Pilze sammeln
www.kosmos.de/digital/kurse/webinare

REGISTER

BILDNACHWEIS

186 Farbfotos wurden von Carolin Engwert, Berlin für dieses Buch aufgenommen.

IMPRESSUM

Umschlaggestaltung von Claudia Eder – Konzept und Gestaltung – Pocking.
Alle Fotos stammen von Carolin Engwert.

Alle Angaben in diesem Buch sind sorgfältig geprüft und geben den neuesten Wissensstand bei der Veröffentlichung wieder. Da sich das Wissen aber laufend in rascher Folge weiterentwickelt und vergrößert, muss jeder Anwender prüfen, ob die Angaben nicht durch neuere Erkenntnisse überholt sind. Dazu muss er zum Beispiel Beipackzettel zu Dünge-, Pflanzenschutz- bzw. Pflanzenpflegemitteln lesen und genau befolgen sowie Gebrauchsanweisungen und Gesetze beachten.

Unser gesamtes Programm finden Sie unter **kosmos.de.**
Über Neuigkeiten informieren Sie regelmäßig unsere
Newsletter, einfach anmelden unter **kosmos.de/newsletter**

Gedruckt auf chlorfrei gebleichtem Papier

© 2021, Franckh-Kosmos-Verlags-GmbH & Co. KG,
Pfizerstraße 5-7, 70184 Stuttgart
Alle Rechte vorbehalten
ISBN 978-3-440-17071-7
Projektleitung: Birgit Grimm
Redaktion und Bildredaktion: Birgit Grimm
Gestaltungskonzept: GRAMISCI Editorialdesign, München
Gestaltung und Satz: Katrin Kleinschrot, Stuttgart
Produktion: Klaus Jost
Druck und Bindung: Print Consult GmbH, München
Printed in Slovakia / Imprimé en Slovaquie

Ihre Themen
—— Unser Newsletter

Sie möchten regelmäßig aktuelle Neuigkeiten, Informationen und
Angebote zum Thema Garten erhalten?

Fundiert recherchiert — Wissen aus der Praxis
Alles Wichtige auf einen Blick

Dann melden Sie sich jetzt für unseren Newsletter an.

www.kosmos.de/newsletter

SÜSSKARTOFFEL
— *Ableger selbst ziehen*

VORBEREITUNG Eine Süßkartoffel halbieren, auf drei Zahnstochern aufspießen und in ein Glas mit frischem Wasser setzen.

WEITERE PFLEGE Wasser täglich wechseln und geduldig abwarten. Da manche Knollen keimschutzbehandelt sind, kann es einige Wochen dauern, es bilden sich aber irgendwann Wurzeln und kurz danach treibt auch das erste Grün aus.
Sobald die Stecklinge ca. 5–8 cm lang sind und einige Blätter bekommen haben, vorsichtig von der Knolle abdrehen und einige Tage in einem weiteren Glas mit Wasser bewurzeln. Das geht meist sehr schnell – dann die kleinen Pflänzchen in Erde setzen. Süßkartoffeln sind sehr pflegeleicht. Regelmäßig gießen und gelegentlich düngen reicht aus.

VERWENDUNG Auch in der Wohnung könnte man Knollen ziehen, allerdings braucht man dafür einen sehr großen Topf oder Eimer. Aber auch das Laub der Süßkartoffel ist essbar und sehr schmackhaft. Verwendet es wie Spinat oder Mangold, z. B. für Pfannengerichte oder als Quiche-Füllung.